AF493729

DE L'AUTORITÉ

ET

DE LA LIBERTÉ

OUVRAGES DU MÊME AUTEUR :

Principes du Droit, 1857, un vol. in-8°. (Épuisé.) . . . . . 6 fr. »

Essais de Littérature du Droit, 1859, un vol. gr. in-18. . 4 fr. »

Le Monastère de Jouarre. (Histoire locale), 1861, un vol. petit in-8°, sur papier de fil, avec vignettes, etc. . . . 3 fr. 50

Saint-Denis. — Typographie de A. Moulin.

DE L'AUTORITÉ

ET DE

LA LIBERTÉ

PAR

H. THIERCELIN

DOCTEUR EN DROIT

ANCIEN AVOCAT A LA COUR DE CASSATION.

PARIS

LIBRAIRIE ACADÉMIQUE

DIDIER ET Cie, LIBRAIRES-ÉDITEURS

QUAI DES AUGUSTINS, 35

1864

ERRATA

P. 19, l. 2, au lieu de *la question dominante, de notre temps*, lisez : *la question dominante de notre temps.*

P. 33, l. 15, au lieu de *dogmes de la foi*, lisez : *dogmes de sa foi.*

P. 44, l. 1, au lieu de *qui en témoignent de la révélation*, lisez : *qui témoignent de la révélation.*

P. 45, l. 19, au lieu de *doctrine de mœurs*, lisez : *doctrine des mœurs.*

P. 118, l. 15, au lieu de *l'unité de la loi*, lisez : *l'unité de la foi.*

INTRODUCTION.

En publiant, il y a quelques années, notre premier volume de philosophie du droit [1], nous exposions sommairement dans l'introduction la grande difficulté résultant de l'opposition des deux principes d'autorité et de liberté, qui partagent le monde moral. La vérité, disions-nous, a une mesure différente selon que l'on en place la source dans un enseignement supérieur, ou dans cette lumière intérieure que tout homme porte avec soi. Nous ne faisions pas pressentir que l'antinomie de la foi et de la raison pût facilement se concilier dans l'ordre moral et dans le monde des faits, et que le combat dût cesser pro-

[1] *Principes du Droit*, 1 vol. in-8°, 1857.

chainement. Une réflexion plus mûre ne nous a pas conduit à changer de sentiment. Mais, si cette conciliation de la foi et de la raison en morale, de l'autorité et de la liberté en philosophie politique, à laquelle se sont usés tant d'efforts, doit être tenue définitivement pour un problème insoluble, peut-être n'est-il pas impossible de délimiter le domaine des deux puissances, au prix de quelque sacrifice du principe d'autorité. C'est ce que nous voudrions faire dans cette nouvelle publication.

La question est ancienne, et ce n'est pas trop dire que tout mouvement soit moral, soit politique, la renouvelle et la rajeunit. Une école paraît s'être donné la tâche de réconcilier la foi et la raison, l'autorité et la liberté, comme s'il n'y avait qu'à dissiper un malentendu. Un malentendu de trois cents ans! il y aurait de quoi surprendre. Reconnaissons plutôt ouvertement que tout accommodement est impossible entre deux principes opposés. Il faut honorer l'effort des néo-catholiques tendant à infuser de la jeune liberté dans la vieille doctrine catholique, sans fermer les yeux sur le côté chimérique et philosophiquement impraticable d'une telle tentative. L'unité de la foi et de la raison restera un problème de même sorte que la quadrature du cercle. Démontrer l'autorité, la justifier, donner des arguments pour la faire reconnaître raisonnable ou au moins nécessaire, ce peut être l'effort sincère des partisans qui lui restent ; soutenir l'identité de l'autorité et de la liberté ne saurait apparaître que comme un paradoxe ou une gageure.

L'objet de l'écrit que nous publions pourrait se résumer sous ce titre : Y a-t-il des dogmes civils et politiques? Cependant nous nous sommes trouvé entraîné à traiter des questions religieuses qui, au premier aspect, ne paraîtraient se rapporter à la politique, au droit, que d'une façon au moins fort éloignée. C'est que dans le monde intellectuel et moral comme dans la nature tout es tient, et qu'il n'y a pas plus de vérités ou d'erreurs isolées que de faits physiques sans conséquences et sans cause. Or l'idée religieuse qui n'est, comme nous l'expliquerons, qu'une forme du sentiment, domine les théories sociales et politiques. La philosophie dissolvante du XVIIIe siècle n'a pas réussi à la bannir de l'âme. Comme elle a son principe en nous, et que c'est en nous aussi qu'est le principe du droit, on ne peut approfondir aucune question fondamentale de religion, de morale ou de philosophie politique, sans remonter aux principes supérieurs d'où la religion, la morale et le droit dérivent comme d'une source commune. Toucher à l'une de ces matières, c'est entreprendre de toucher à toutes les trois ; car nul ne peut se flatter de trouver la vérité s'il la cherche en dehors de l'accord des différentes puissances de l'âme humaine. Le titre double du livre fameux de Spinoza, *Tractatus theologico-politicus*, devrait être l'intitulé de toute étude philosophique qui a le droit public pour objet.

L'abus des systèmes, la nébulosité de certaines doctrines métaphysiques, ou seulement la difficulté pour la moyenne des intelligences de s'élever jusqu'à l'abstraction et de s'y maintenir, ont discrédité la métaphysique politique, et souvent rejeté les esprits vers les théories simples, qui promettent une solution prochaine et facile. Mais qu'attendre de conclusions hâtées, où l'on tranche une difficulté complexe avec une ignorance si parfaite des éléments qui la composent? Elles valent en pratique juste ce qu'elles ont coûté d'efforts à l'esprit pour les produire. Se décider en politique par la première raison que l'on trouve à la main, celle, hélas! qui frappera le plus les masses, clore l'examen avant d'être arrivé à la vérité suprême, c'est céder à la nécessité. Or il faut savoir que le mépris de la théorie rapproche la fatalité, et que penser et raisonner, au contraire, c'est s'affranchir davantage de la brutalité des faits. Certes, ce serait une étrange présomption de méconnaître l'empire tyrannique que la nécessité exerce dans les choses humaines, et il y aurait parfois bien de l'orgueil à vouloir s'en dégager. Mais n'est-ce pas aussi s'exposer à obéir à une fatalité imaginaire ou évitable, la multiplier sans raison, que de courir aux solutions les plus proches? N'oublions pas que l'homme, esprit et matière, moral, religieux et politique, doué de raison et de sentiment, avec ses aspirations vers l'infini, divers, mais un, est indécomposable dans son unité. Ce qui l'intéresse ne peut être tenu pour vrai qu'après examen au triple point de vue des facultés qui constituent son être. Nous posons en principe que toute idée qui n'est pas vraie théologiquement, moralement et politiquement, sous ses trois aspects, est fausse ou au moins douteuse pour le tout; que la vérité partielle n'est qu'une lueur, non une lumière. Et de là nous concluons que nulle théorie n'est probable, qui n'a pour caractères l'unité et la coordination ; nulle objection sérieuse, qui ne s'en prend pas à l'ensemble du système auquel elle s'attaque, ou ne sort pas elle-même d'un système contraire complet ; la désignation vulgaire d'homme pratique est la dénomination polie de l'esprit ignorant ou aveugle, voué à un travail d'ordre secondaire où il ne sait ce qu'il fait.

Peut-être faut-il expliquer par la négligence où l'on se tient relativement à la connexion des idées morales, religieuses et juridiques, et par l'oubli du lien qui les rattache et les enchaîne l'étrange état moral et social où nous vivons. L'homme est un, avec des facultés et des besoins différents, et cependant on l'étudie sous des aspects isolés ; on le scinde, on le sépare, chacun, théologien, philosophe, jurisconsulte, l'envisageant sous un unique aspect, quand la condition première serait de remonter par l'examen des facultés et des besoins de l'homme jusqu'au principe unique et absolu qui les domine. Gardons-nous d'une telle méthode sèche et inévitablement partiale. Ne simplifions pas par ignorance ou par système des problèmes composés de leur nature. Ne faussons pas les données vraies de la science morale par des dénombrements incomplets. Ne mutilons pas l'œuvre de Dieu. Et quant à ces penseurs superficiels, qui considèrent toute doctrine surnaturelle comme le supplément d'une philosophie imparfaite actuellement, mais progressive, et rêvent un développement de connaissances rationnelles qui en dispenserait ; quant à ces esprits superbes qui, n'admettant le sentiment religieux que comme une faiblesse avec laquelle il faut composer pour un temps, mais dont il n'y a nul compte à tenir dans les théories de droit, relèguent l'idée religieuse au rang des mythes sans portée, nous les en croirions peut-être si, par des inconséquences inaperçues, ils ne faisaient eux-mêmes dans la vie commune, sans le savoir, acte de foi vingt fois en un jour.

Nous nous reprochons déjà d'anticiper sur des questions qu'il n'est pas permis d'effleurer, et qui trouveront ultérieurement leurs développements. Personnellement religieux par sentiment, mais libéral obstiné par penchant d'abord et ensuite par raison, convaincu que le sentiment religieux et la liberté, quoi qu'on en puisse penser, sont deux puissances qui se contredisent, nous appelons de nos vœux le temps où la science, en les définissant, circonscrira le cercle où ils se meuvent. Sans croyances fermes, sans foi, l'homme demeure sans force d'action. Il n'est même plus la moitié de lui-même. Que de fois devant le triomphe de l'iniquité, les insultes du sort ou l'intérêt ligué des *honnêtes gens*, froissé, brisé par cette justice moyenne, hypocrite et égoïste, pharisaïque, pour tout dire, comme sera toujours la justice conservatrice, que de fois n'a-t-il pas à recourir à cette puissance bienfaisante et consolatrice, qui ouvre un refuge aux vaincus de la fortune ou de l'opinion ! Elle ramasse les blessés. Mais aussi que serait l'homme sans la liberté du citoyen, manifestation publique de la liberté morale que Dieu lui donna?

Douze années durant nous avons éprouvé le souffle d'une bise âpre et desséchante, qui menaçait de geler toute séve dans le corps politique et dans les âmes. L'aube d'un jour meilleur s'est levée enfin sur notre pauvre France, qui reprend, après un trop long sommeil, sa tradition interrompue. L'agonisant sort de sa léthargie. Amis de la justice et de la liberté, puissions-nous n'avoir plus à fermer les yeux pour ne pas voir! Dans les heures de détresse nous caressions une chimère; nous nous réfugiions dans le pays des rêves. Comme l'Andromaque de Virgile trompant l'ennui de la patrie absente par l'image d'une fausse Pergame, nous reconstruisions en pensée l'édifice dévasté. Vienne donc l'ère désirée, où l'homme marchera libre dans les voies de la Providence, où il embrassera la réalité, non l'illusion et le mensonge, et où la société politique, plus que restaurée, créée, affranchie des entraves auxquelles on la sacrifie sans besoin, sera définitivement assise sur la solide base de la stricte justice et du droit.

BIBLIOTHÈQUE IMPÉRIALE
IMPR.

DE L'AUTORITÉ

ET

DE LA LIBERTÉ

CHAPITRE I

DE L'AUTORITÉ ET DE LA LIBERTÉ AVANT LA RÉVOLUTION.

De l'autorité au moyen âge. — Définitions. — Que l'autorité n'est pas un principe humain. — Du mouvement libéral en matière religieuse par la Réforme ; — en philosophie par Descartes ; — en morale par Rousseau ; — en politique par la Révolution française. — Position de la question.

Au début du XVIe siècle, la théologie catholique était restée toute la science morale de l'Europe alors connue. Pendant la longue période précédente, qu'on peut dater de l'époque de la première croisade, un travail persévérant s'était accompli dans l'ombre des cloîtres. La philosophie d'Aristote avait été accommodée aux besoins de la science de la révélation, qui en avait fait sa servante, et elle était devenue la scolastique. Le dogme, approfondi, défendu contre les objections de toutes sortes, était arrivé dans la prodigieuse *Somme* de saint Thomas d'Aquin, au degré d'exactitude et de précision requis pour constituer une science. La morale avait été déduite syllogistiquement des livres saints, ainsi que la politique. En religion donc, en morale, en philosophie proprement dite, en politique, l'esprit humain avait sa règle dans les décisions de l'Église ou des docteurs que l'Église avouait ; et jusqu'au double mouvement de la Renaissance dans l'ordre intellectuel et de la Réforme dans l'ordre religieux, jusqu'à ces deux manifestations différentes mais simultanées d'un même besoin, on peut dire que l'homme ignorait ce que c'est que penser par soi-même, ou plutôt qu'il avait abdiqué toute pensée et toute indépendance, sur la foi de l'enseignement que lui distribuaient ses maîtres.

Si l'on cherche à caractériser le principe d'une telle doctrine, on arrive sans effort à lui donner un nom bien connu de nos jours. Enseigner des vérités au-dessus de la raison ou interpréter des vérités communes à l'aide de lumières surnaturelles, qu'est-ce autre chose que prêcher l'autorité? L'autorité, en effet, dans le sens le plus large du mot, est une puissance qu'un être ou une collection d'êtres ont en eux-mêmes à l'effet d'obliger à quelque chose. Dans l'ordre religieux, et si on l'y reconnaît, dans l'ordre politique, elle est insurmontable, en ce sens qu'on ne peut la convaincre d'erreur. Son caractère alors est d'imposer, sans avoir à compter avec la raison, l'obéissance de jugement s'il s'agit de choses purement morales, et l'obéissance effective si à l'autorité de droit vient s'ajouter l'autorité de fait. Le principe d'autorité est ainsi la règle selon laquelle l'individu est effectivement ou moralement obligé de se soumettre au pouvoir visible qui est ou dit être le dépositaire de ces vérités infuses. — A ce point, on peut dire, sans rien préjuger pour ou contre les prétentions de l'Église catholique, que nul pouvoir visible n'eut jamais en soi, dans sa philosophie, le principe d'autorité à un degré égal ; car cette philosophie de l'Église catholique avait pour point de départ un enseignement divin ; elle avait une solution pour toutes les questions religieuses, morales, politiques, que l'homme peut se poser ici-bas ; elle apparaissait, indépendamment de sa valeur morale et à ne considérer que sa valeur scientifique, comme un monument complet, à côté duquel, pour la force de la doctrine et l'étroite cohésion des parties, l'esprit humain dans l'antiquité et dans les temps modernes n'avait rien à mettre en parallèle ; elle pouvait se prévaloir de son ancienneté et de l'adhésion d'une longue suite de générations ; elle avait ainsi tous les caractères sur lesquels l'autorité peut s'appuyer pour obliger la raison à s'abaisser sous un enseignement supérieur.

En précisant, comme nous venons de le faire, le caractère de l'autorité, nous reconnaissons virtuellement que l'autorité véritable, originelle n'appartient qu'à Dieu. Il est trop évident que d'homme à homme on ne peut parler d'autorité ; et si l'homme ne peut avoir d'autorité sur son semblable, dont la raison balance la sienne, nulle collection d'êtres humains ne pourra davantage, à un titre humain, avoir d'autorité sur l'individu. Deux conséquences de ces remarques apparaissent d'elles-mêmes : la première que toute puissance humaine qui voudra se prévaloir des prérogatives de l'autorité, à tort ou à droit, devra les emprunter à Dieu; la seconde, que toutes les fois que l'on fera descendre l'autorité sur la terre elle ne pourra appartenir qu'à une église et parlera par la bouche de ses prêtres, puisqu'une église seule peut parler au nom de Dieu. — Ces deux conséquences en produiront elles-mêmes une troisième, à savoir que nulle puissance terrestre ne peut commander au nom du principe d'autorité, c'est-à-dire avec la prétention de soumettre la raison, qu'en se présentant comme un prolongement d'une puissance ecclésiastique ; autrement elle serait sans raison d'être; elle manquerait de titre ; elle se produirait comme un effet sans cause.

Pour qui voudra y songer, toutes ces conséquences

s'enchaînent étroitement. Qu'on imagine une puissance humaine, un gouvernement monarchique, aristocratique ou républicain, parlant d'autorité et s'isolant de toute église. N'est-il pas évident que se plaçant au-dessus de la raison et de ses critiques, comme il faut le supposer, puisque nous lui conférons hypothétiquement les prérogatives de l'autorité, et cependant reniant toute puissance supérieure, ce gouvernement, cette puissance temporelle sera réduite à une action purement arbitraire? Contestera-t-on que la contrainte que pourra occasionnellement exercer cette puissance fermant les yeux à toute lumière soit humaine, soit surhumaine, ne sera plus alors qu'un fait de force, un de ces faits auxquels il est permis à tous et toujours de résister?

Nous reviendrons plus opportunément dans quelques pages sur ces idées que nous devons nous contenter d'indiquer ici; qu'il nous suffise d'avoir marqué le caractère du principe d'autorité. Quand nous disons que nul gouvernement temporel n'a le principe d'autorité qu'à la condition de l'avoir été puiser dans une Église, nous n'entendons pas parler de telle religion plutôt que de telle autre. Si notre pensée est juste, elle le sera aussi bien pour les sectateurs de Mahomet ou de Brahma. Nous ne faisons donc acception d'aucune forme; nous constatons seulement des rapports nécessaires, et cela dit nous reprenons notre historique et nos définitions.

Après les premières années du XVIe siècle, un immense mouvement religieux, la Réforme, éclata en Allemagne. Des discussions théologiques que Léon X estimait d'abord n'être que des disputes occasionnées par des jalousies de moines, *invidie fratesche*, allumèrent un incendie qui embrasa bientôt tout le centre de l'Europe. D'Allemagne, la Réforme passa en Danemarck, en Suède, en Angleterre, en Suisse, pénétra en France, lutta dans ces divers pays avec une fortune inégale, et finalement arracha à l'Église romaine une partie de ses sujets spirituels. Quel en était le sens?

La Réforme de Luther, de ses adhérents et de ses contradicteurs parmi les autres réformateurs, n'était pas le premier mouvement insurrectionnel que des esprits audacieux avaient tenté en matière de religion. Les Albigeois, les Vaudois, Jean Huss et tant d'autres dans les siècles précédents, s'étaient enhardis jusqu'à contredire une partie du *Credo* de l'Église. Mais ils n'avaient enfanté dans leur action prématurée que des hérésies sans durée, des philosophies éphémères, et rien n'était resté de leurs tentatives que le témoignage du besoin que l'esprit humain a de la liberté. L'insurrection théologique de Luther et de Calvin, au contraire, se produisant en temps opportun, se consolida.

Si l'on en étudie l'esprit, on trouvera que le succès en fut dû bien moins au génie des nouveaux réformateurs quoiqu'il fût très-grand, et à la force de leurs doctrines que nos croyances personnelles de chrétien ne nous permettent pas d'accepter comme vraies, qu'au besoin d'expansion qu'éprouvait l'esprit humain après une longue compression. Telle est, en effet, l'explication du succès de la Réforme. On n'en donnerait pas la raison véritable en l'imputant au goût de la nouveauté et du changement ; car les doctrines de la Réforme n'étaient pas nouvelles, et elles ont continué de durer après que sous leur forme renouvelée elles avaient déjà vieilli. Mais le mouvement réformateur répondait à un besoin de liberté indistinct, caché, plutôt senti que compris, et c'est par là qu'il lui fut donné de prévaloir, malgré les variations et les contradictions de ses chefs, en dépit de leurs orgueilleuses folies, en opposition avec les prévisions des philosophes qui n'auraient pesé que la valeur et la sagesse des doctrines.

Le mouvement réformateur marquait donc l'avénement dans le monde d'un nouveau principe en contradiction avec le principe d'autorité jusqu'alors tout-puissant ; et il se produisait dans l'ordre de la foi, dans le dogme, parce que toutes choses étant alors matières de foi, la raison attaquait ainsi le principe d'autorité dans sa citadelle. Qu'importe que ses promoteurs eux-mêmes n'aient eu au début qu'un sentiment très-vague de la portée de leur œuvre? L'histoire de la Réforme même nous montre qu'il y avait dans son esprit plus de liberté que de critique. Nous le prouverions en observant qu'avec la secte des Latitudinaires et celle des Sociniens, qui rallient de nos jours des adhérents toujours plus nombreux, le travail de la réformation ne semble plus consister qu'à élargir le cercle où l'homme se meut, qu'il se réduit à des coupures, à des élagations dans le dogme. La contradiction est plus radicale, mais moins passionnée. C'est à la raison individuelle qu'on commet la foi, ou au moins l'interprétation des textes sacrés qui la contiennent. Au siècle dernier un grand logicien arrivait à dire : « Qu'on me prouve aujourd'hui qu'en matière de foi je suis obligé de me soumettre aux décisions de quelqu'un; dès demain je me fais catholique, et tout homme conséquent et vrai fera comme moi [1]. » L'argument était sans réplique. La raison particulière tirant de l'Écriture la règle de sa foi, tel était bien l'esprit, le fondement d'abord ignoré de la Réforme. Mais avant que le mouvement religieux ne fût arrivé à la consé-

[1] J.-J. ROUSSEAU. *Lettres écrites de la Montagne*, partie I, lettre II.

quence dernière que recélait son principe, ce principe devait être formulé avec éclat dans l'ordre philosophique. Descartes parut, et il fallut désormais compter avec le principe contradictoire du principe d'autorité.

On n'attend pas que nous exposions ici, après tant d'autres, la doctrine philosophique de Descartes ; le lieu serait mal choisi et le travail inutile. D'ailleurs cette doctrine philosophique (car tout le monde sait que Descartes se défendait de songer aux matières de religion en philosophant, et qu'il mettait de côté les vérités du dogme), cette doctrine, disons-nous, touche à trop de questions pour pouvoir être analysée en passant. Nous rappellerons seulement qu'après avoir trouvé le témoignage de son existence dans le fait de sa pensée, — *Cogito, ergo sum*, — Descartes cherchant à quel caractère le fait de sa pensée et de son existence lui était apparu comme une vérité, et n'en voyant pas d'autre que l'évidence irrésistible de ce double fait, se trouve conduit à poser l'évidence comme le critérium, le signe de toute certitude. « Ayant remarqué, dit-il, qu'il n'y a rien du tout en ceci : *Je pense, donc je suis*, qui m'assure que je dis la vérité, sinon que je vois très-clairement que pour penser il faut être, je jugeai que je pouvais prendre pour règle générale que les choses que nous concevons fort clairement et fort distinctement sont toutes vraies, mais qu'il y a seulement quelque difficulté à bien remarquer quelles sont celles que nous concevons distinctement [1]. » Et ailleurs : « Je suis assuré que je suis une chose qui pense; mais ne sais-je donc pas aussi ce qui est requis pour me rendre certain de quelque chose? Certes, dans cette première connaissance il n'y a rien qui m'assure de la vérité que la claire et distincte perception de ce que je dis, laquelle de vrai ne serait pas suffisante pour m'assurer que ce que je dis est vrai s'il pouvait jamais arriver qu'une chose que je concevrais aussi clairement et distinctement se trouvât fausse ; et partant il me semble que déjà je puis établir pour règle générale que toutes les choses que nous concevons fort clairement et fort distinctement sont toutes vraies [2]. » Tel est le grand principe moderne, qui appliqué à la morale et à la politique, devait produire plus tard une révolution si profonde. Ce serait exagérer inutilement la gloire de Descartes que de lui faire honneur, dans l'ordre moral et dans l'ordre politique, des applications d'une règle dont il ne connut pas assurément toute la fécondité ; ses préoccupations ne franchissaient pas les limites de la philosophie pre-

[1] *Discours de la méthode*, 4e partie.
[2] *Méditations touchant la philosophie première*, 2e méd.

mière ; mais dans ce cercle même la profondeur et la netteté de son coup d'œil furent assez grandes pour que les sectateurs de la liberté voient en lui leur ancêtre, et pour qu'on mette à ses risques les conséquences qui ont suivi.

Ainsi, tandis que la Réforme arrivait avec le temps à soumettre, de fait, l'interprétation de l'Écriture, les matières de la foi, à la raison particulière, Descartes, mettant ces matières à part comme étant au-dessus de la raison humaine, donnait au principe de la raison particulière et de l'évidence la netteté d'une formule et l'autorité d'une vérité démontrée. Il procédait, sans le vouloir, comme Luther et Calvin, mais en d'autres matières et avec plus de sûreté. Il réduisait à la dernière précision le principe confusément senti et comme enveloppé de la Réforme ; mais il en déplaçait le centre et en changeait l'application.

Comme il faut donner un nom aux choses pour pouvoir en parler, nous appellerons le principe de Descartes principe de liberté. La liberté, c'est le pouvoir de prendre une détermination et d'y conformer ses actes. En psychologie, la liberté se confond avec la volonté, car la question de savoir si je suis libre n'est autre que celle de savoir si je puis vouloir. Or qui ne voit que le principe de la raison particulière, de l'évidence, de la clarté des idées, comme on voudra l'appeler, implique le jugement, la volonté et l'action, c'est-à-dire la faculté de vouloir et de conformer ses actes aux déterminations qu'on aura prises? Quand Descartes pose l'évidence comme règle de son jugement et du mien, il reconnaît que lui et moi pouvons juger. La question de savoir si plus tard une force extérieure ne m'empêchera pas de conformer effectivement mes actes au jugement que j'ai porté n'est quant à présent d'aucun intérêt ; il suffit que j'en aie la puissance morale. Le principe de l'évidence supposant la faculté de juger et assurant l'exercice du jugement est donc bien la liberté, comme le principe d'autorité en est le contraire, en m'enlevant mon jugement propre et en forçant mon acquiescement aux décisions d'un jugement supérieur.

Ce principe si fécond de liberté, qui n'est autre que le principe de la raison, et qu'il ne faudrait pas confondre avec le caprice, la fantaisie qui ne peut jamais être à aucun degré légitime, devait être transporté tôt ou tard dans la philosophie morale. Descartes eût pu vivre assez pour voir déjà des contemporains séparer la morale de la théologie [1]. Nous

[1] Notamment Malebranche, qui pour cela fut suspect dans sa congrégation.

passerons sur cette tendance, encore trop indécise. Comme nous ne faisons pas ici une histoire complète, nous ne nous arrêterons pas à des tâtonnements; nous franchirons tout un siècle; nous arriverons sans transition à Rousseau, au philosophe qui posa avec le plus de force, en morale, le principe du sens particulier.

Rousseau s'est fait, en morale, l'apôtre du sentiment; mais ce serait le mal comprendre que de le placer parmi les philosophes écossais, qu'il ne connaissait pas, et d'en faire le prêcheur d'un vague mouvement de sympathie. Loin de chercher, comme les Écossais, le principe du bien hors de l'individu, dans le sentiment que nous éprouvons s'il s'agit des actions des autres, ou dans celui que nous inspirons s'il s'agit de nos propres actions, Rousseau ne le cherche qu'en lui-même. Homme de la nature comme il s'appelle, il recommande avant tout d'en écouter la voix. Il ne demande pas à l'homme de sortir de lui; il le somme d'y rentrer. Le sentiment de Rousseau, c'est la conscience morale. « Je ne tire pas les règles que je dois me prescrire, fait-il dire au vicaire savoyard, des principes d'une haute philosophie, mais je les trouve au fond de mon cœur écrites par la nature en caractères ineffaçables. Je n'ai qu'à me consulter sur ce que je veux faire: tout ce que je sens être bien est bien, tout ce que je sens être mal est mal : le meilleur de tous les casuistes est la conscience... La conscience est la voix de l'âme, les passions sont la voix du corps... La conscience ne trompe jamais; elle est le vrai guide de l'homme; qui la suit obéit à la nature et ne craint pas de s'égarer... Il est donc au fond des âmes un principe inné de justice et de vertu, sur lequel, malgré nos propres maximes, nous jugeons nos actions et celles d'autrui comme bonnes ou mauvaises, et c'est à ce principe que je donne le nom de conscience [1]. » — Voilà sa doctrine. Rousseau soumettait, d'ailleurs, les actes moraux à l'appréciation de l'intelligence. « Toute la moralité de nos actions, ajoute-t-il, est dans le jugement que nous en portons nous-mêmes [2]. » S'il réclame contre la raison, c'est contre la raison sophistique, contre le raisonnement stérile et trompeur, la casuistique et ses abus. En réalité, il continue dans la morale la réaction que Descartes avait commencée contre la scolastique ; il poursuit la même œuvre; il complète la doctrine du maître; il

[1] *Émile*, liv. IV, éd. de Dalibon, t. IV, p. 185 et suiv.

[2] *Ibid.* Qu'il y ait dans la doctrine morale de Rousseau quelque embarras et quelque obscurité, nous ne le contesterons pas. Il ne paraît pas qu'il ait bien distingué dans sa pensée ce qui appartient à l'intelligence, à l'esprit, et ce qui appartient à la sensibilité, au cœur. Tout ce que nous voulons dire, c'est que sa doctrine n'a rien de commun avec la doctrine de la sympathie des Écossais.

commet au sens particulier débarrassé des subtilités d'une fausse science le jugement des actions humaines ; il maintient la tradition qui, de la Réforme et de Descartes, devait aboutir à la Révolution française.

De la morale à la politique ou pour parler plus exactement au droit, il n'y a qu'un pas ; car le droit, comme nous l'avons dit ailleurs, n'est autre chose que le devoir en action [1]. On eût pu supposer que Rousseau trouvant le principe du bien dans l'homme même y chercherait aussi celui du droit. Il n'en fut rien cependant. Sa politique maussade ne dérive pas de sa philosophie morale. Dans son fameux *Contrat social*, il soumet le droit individuel à la souveraineté du nombre, constituée, il est vrai, par la volonté de tous. L'homme social n'aurait de droit que pour l'abdiquer. Pour trouver dans le domaine du droit la pure tradition cartésienne, il faut ouvrir les livres de jurisconsultes maintenant oubliés, de Thomasius entre autres; mais c'est surtout dans la déclaration des droits placée en tête de la Constitution de 1791, comme le manifeste de la révolution, qu'elle apparaît avec éclat.

La révolution française a inauguré non pas l'ère de la justice, qui, Dieu merci, n'est pas nouvelle dans

[1] V. nos *Principes du droit*, 2e partie.

le monde, mais l'ère du droit, en entendant par là la justice portant avec elle sa sanction. Qu'est-ce, en effet, que la déclaration des droits sinon l'affirmation en détail du droit individuel et de son indépendance au regard de tout pouvoir humain? Avant la révolution le pouvoir avait des obligations; mais l'homme était sans droit. La Constitution de 1791 a déplacé le centre de l'ordre politique et l'a transporté du pouvoir, qu'elle réduisit à n'être plus qu'un instrument, un moyen, à l'individu, au droit imprescriptible duquel elle subordonna l'organisation du pouvoir gouvernemental. A ce point de vue, on peut dire que l'œuvre révolutionnaire fut aussi philosophique que politique, ou plutôt moins politique que sociale. Le principe du droit individuel reconnu, la condamnation de l'ancien ordre des choses s'ensuivait. Sans doute on ne cherchera pas dans la déclaration des droits une doctrine complète. Mais si l'assemblée constituante ne s'est pas élevée, par exemple, de l'idée des droits à celle du droit, c'est que jamais une doctrine scientifique ne fut l'œuvre d'une assemblée. Sa pensée n'était pas moins pour la raison et la liberté de l'individu ; elle transportait dans l'ordre politique le principe rationaliste de Descartes et de Rousseau ; elle s'inspirait du principe d'unité et d'identité du droit individuel, quoiqu'elle n'en parlât pas; elle introduisait dans le monde des faits ce qui n'était pas sorti jusqu'alors du domaine de la spéculation pure.

Ainsi se produisirent et grandirent, avec des alternatives de victoires et de défaites, les deux principes maintenant rivaux de l'autorité et de la liberté. Si de ce point de cette esquisse, nous jettons un regard en arrière, nous pouvons mesurer de l'œil la route qu'ils ont tenue. De l'affirmation de la raison entrevue par les premiers réformateurs et démontrée par Descartes, on arrivait enfin en quatre étapes à celle du droit. Cependant la révolution devait passer promptement de la pure application du principe du droit à ses excès. On sait l'histoire de cette terrible époque. Le mouvement révolutionnaire se précipita. Un gouffre s'ouvrit, la nation recula. Dans sa réaction contre l'esprit ultra-libre du siècle dernier, notre époque, que cette réaction caractérisera sans doute dans l'histoire, fit un retour vers le principe d'autorité. Autorité, liberté, les deux principes contraires sont maintenant en présence : que peut-il advenir de leur choc? c'est la grande question du temps.

CHAPITRE II

DE L'AUTORITÉ ET DE LA LIBERTÉ AU TEMPS ACTUEL.

Que l'antinomie de l'autorité et de la liberté ne pouvait apparaître dans l'antiquité. — Comment elle s'est manifestée dans la première partie de ce siècle. — Comment elle s'est manifestée dans la seconde.—Comment elle apparaît dans l'état religieux et moral de notre génération.

Que la question de l'autorité et de la liberté soit la question dominante, de notre temps, tout homme de bon sens et de bonne foi sera conduit à le reconnaître pour peu qu'il veuille y songer. Dans les assemblées politiques, dans les académies, sur les places publiques, dans les livres, elle est au fond de toute discussion dès qu'il y faut remonter du particulier au général. A cette heure même, c'est elle qui pèse, dans l'ordre politique, sur la situation de la puissance laïque à l'égard de l'autorité religieuse, et qui contraint la première, au moins en France, à se décharger sur la force des événements à venir d'une solution dont la responsabilité effraie. Nous ne disons pas que cette grande difficulté, qui n'est rien moins que celle du principe de notre connaissance, comme nous le montrerons, ne se complique pas de difficultés secondaires. Mais nous avancerons sans crainte d'errer, et ce livre prouvera que toutes en découlent ou s'y rattachent; que parmi les controverses philosophiques ou politiques du jour, il n'en est pas qui ne s'agitent dans le sein d'une question plus haute, celle de la vérité humaine, où elles sont comme enveloppées et contenues, et que dans l'état des mœurs et des sciences morales il est peu de causes pour lesquelles on disputerait longtemps et encore bien moins on se battrait dans les rues, si les contendants n'avaient à invoquer de l'un et de l'autre côté un principe contraire pour la justification de leurs prétentions.

Le fait est nouveau. Dans l'antiquité une telle question n'aurait pu naître, n'y ayant pas dans l'antiquité de puissance religieuse gardienne du dépôt de l'autorité, à moins qu'on ne veuille parler des constitutions sacerdotales des Égyptiens et des Hébreux, dont l'absolutisme écrasait l'individu. La théologie païenne, création du sentiment et de l'imagination, œuvre poétique plutôt que scientifique et avant tout humaine, n'avait pas d'enseignement à dispenser à ses inventeurs. Quelle autorité aurait-on pu emprunter aux mythes de Jupiter ou de Cybèle? Tandis que toutes les religions sérieuses vont du créateur à l'être créé, le paganisme allait de la créature à son auteur. L'homme primitif, privé d'un enseignement supérieur qui lui dise le mot de sa destinée, conjecture un Dieu partout où il sent une force. Ne pouvant expliquer que par la volonté d'une puissance plus haute ce qui dépassait sa capacité, le barbare de l'Attique ou de l'Ionie, comme plus tard celui de l'Amérique, divinisait tout ce qu'il sentait se mouvoir en son âme, à ce point que l'instinct de la rapine fut déifié dans l'Olympe et que la Vénus impudique eut des autels. Dans sa fougue imaginative, il peuplait le ciel de créatures bizarres ou coupables en aussi grand nombre et en pareille diversité que ses instincts et ses passions. Et comme ces dieux d'invention humaine représentaient chacun une puissance tyrannique dans l'âme, le fatalisme s'ensuivait. Mais on comprend que cette théologie sans philosophie, sans morale et encore moins sans dogmes, ne pouvait donner à l'homme, par un retour vers son auteur, une règle qui fît fléchir sa raison. Les dieux muets de l'antiquité pouvaient agir ; ils ne commandaient pas [1].

[1] Cette *théogonie* de l'antiquité païenne et l'explication du fatalisme antique que nous en déduisons très-incidemment pourraient, si nous

Il est vrai que des sages de la Grèce, transportant d'Asie en Europe quelques débris d'une tradition perdue dans son ensemble, donnèrent l'idée de mystères que la raison n'eût pas trouvés. Plus d'une de

ne nous trompons, jeter un grand jour sur plus d'un point obscur. L'adage : *Primus in orbe deos fecit timor*, que l'on trouve parmi les fragments de Pétrone, n'est pas rigoureusement vrai, même pour les dieux de l'antiquité, si l'on traduit *timor* par pusillanimité, crainte produite de la bassesse de l'âme. Il serait plus exact de remplacer, dans l'adage rapporté dans Pétrone, *timor* par *tremor;* et alors l'antiquité latine serait dans la vérité, en proclamant que ce qui fit ses dieux, ce fut cette terreur religieuse qui dut saisir l'homme primitif devant ces puissances mystérieuses se mouvant hors de lui et en lui-même.

Si cette explication de la *théogonie* païenne avait besoin d'une preuve, nous la trouverions dans le culte que l'antiquité rendait à ses dieux Elle implorait de chacun, bon ou mauvais, la faveur ou la pitié qui était, pour ainsi parler, dans son département. Elle les invoquait soit pour en obtenir les biens dont ils disposaient, soit pour conjurer leur influence mauvaise. Les diables et les saints de l'antiquité païenne habitaient pêle-mêle sur le même Olympe. Rousseau rappelle, dans une phrase célèbre, que *l'intrépide Romain sacrifiait à la peur*. Dans les hymnes homériques, qui ne sont pas d'Homère, selon le sentiment des savants, mais d'une époque un peu postérieure, le poëte demande à Mars « de vivre sous des lois pacifiques, d'éviter l'impétuosité des guerriers et la mort violente :

αλλὰ σὺ θάρσος
δὸς, μάκαρ, εἰρήνης τε μένειν οὐν ἀπήμοσι θεσμοὶς
δυομενέων προφυγόντα μόθου κῆράς τε βιαίας.

Dans Callimaque, dont les hymnes se chantaient dans les cérémonies religieuses, on voit que la Force (χράτος) a fait Jupiter roi des dieux, et Jupiter l'a placée au pied de son trône (Hymne I). Cérès se venge d'Erysiecthon en l'affamant. Les fêtes de la déesse des moissons étaient des jours de jeûne (Hymne III).

Dans Horace, Vénus *tout entière à sa proie attachée* est appelée *mater* ces vues profondes, qui sont comme le fonds commun de toutes les religions, et qui découvrent tant d'énigmes sur la nature de l'homme et sa destinée ici-bas, embellit les écrits de Platon, et imprime à sa philosophie une grandeur inconnue avant et après lui. Mais alors nul n'eût pu songer à tirer de ces fragments disjoints d'un tout dont la cohésion fait la force un principe à opposer à celui de la raison. L'état des sciences philosophiques ne permettait pas de discerner un caractère surnaturel dans ces vérités éparses et brisées importées du dehors. On les confondait avec les produits de la raison pure. L'homme alors croyait ne devoir qu'à sa raison ce qu'il avait appris.

Dans nos temps modernes le fait de la lutte entre les deux principes d'autorité et de liberté, dont nous avons rappelé les grands traits, eut pu faire deviner la question formidable que leur opposition soulevait. Cependant on a vu que dans l'ardeur du combat tous n'agissaient, théocrates, absolutistes, réformateurs, philosophes, qu'avec une conscience très-douteuse de la force qu'ils agitaient. C'est que entre le sentiment

SÆVA *cupidinum*. Le poëte subit son irrésistible ascendant, ainsi que celui du fils de Sémélé ; cette influence l'arrache à toute autre pensée : *In me tota ruens Venus Cyprum deseruit* (Lyricorum, lib. I, Ode 19). On trouve à chaque pas de la mythologie païenne l'idée de divinités funestes devant lesquels l'homme se prosterne effrayé.

confus d'un principe nouveau, comme l'était au XVIe sièlce celui de la raison, et la pleine compréhension de ce principe, dans toute sa portée, il y a une distance que plusieurs vies de penseurs peuvent ne pas suffire à franchir. Luther ne se croyait pas aussi révolutionnaire qu'il était : il s'indignait quand des disciples le dépassant dans sa voie promulguaient des interprétations qui allaient au delà des siennes ; et Descartes, qui mettait le dogme religieux à part afin de pouvoir philosopher à son aise, n'imaginait pas que le principe de sa philosophie détruisait celui de sa foi. — C'est de nos jours seulement que la question de l'autorité et de la liberté s'est dressée comme le grand problème de la solution duquel peut dépendre la guerre ou la paix. Trois cents ans de controverses écrites et de luttes sanglantes l'ont dégagé de ce qui pouvait en obscurcir les termes. Il est partout, dans la vie intérieure comme dans la vie publique ; à notre insu il nous assiége ou nous trouble ; il apparaît sous toutes les formes ; il domine même les questions secondaires qui en paraissent le plus éloignées.

Nous n'avons pas à justifier quant à présent ces vérités par de nombreux exemples pris autour de nous. Comme elles sont l'objet même de ce livre, nous arriverons en leur temps aux détails qui les prouvent. Mais, obligé de jeter un regard sur la situation actuelle, situation nouvelle où des tiraillements entre deux principes de vérité contraires font la difficulté, nous nous arrêterons aux faits saillants des discordes civiles qui nous travaillent depuis près de quatre-vingts ans et à l'état religieux actuel des âmes, parce qu'en voyant l'opposition des deux principes dans les faits dominants à la portée de chacun, le lecteur la devinera dans les faits particuliers.

A la fin du siècle dernier et au commencement de celui-ci, dans l'espace de dix années, la France a connu trois formes très-différentes de gouvernements, et de nos jours des changements aussi fréquents et aussi notables, quoique moins profonds, ont eu lieu sous nos yeux. Que signifient ces révolutions radicales sans exemple pour leur fréquence dans aucune histoire? Croit-on que ces passages et ces retours de la forme monarchique à la forme républicaine n'aient été que des jeux d'un peuple trop impressionnable ou des effets de la fortune ou du hasard? Ce serait s'arrêter aux premières apparences. On s'en prendrait sans plus de raison soit à l'esprit révolutionnaire, soit à l'esprit de conservation exagérée. On ne dirait même pas tout en imputant nos révolutions politiques uniquement à la pensée libre; car on n'expliquerait pas ainsi l'oscillation du mouvement. Pour trouver un sens à de tels événements contraires, il faut chercher une raison plus générale, celle que nous avons fait pressentir. La vérité est que deux principes se partagent l'empire et notre mal en vient. Nos révolutions n'ont été que le transport alternatif de la foule vers l'un ou l'autre de ces deux principes, suivi bientôt du sentiment qu'aucun des deux ne répond entièrement dans ses conséquences aux besoins et aux aspirations naturels. — Quand la France moderne passait de la monarchie absolue à la république, elle déplaçait le principe de la vérité ; elle répudiait, en désespoir d'amendement, la règle de l'autorité suivie jusqu'alors, pour se ranger sous celle de la raison pure. — Quand elle prodiguait ses hommages libres et ses acclamations au despotisme impérial alors qu'il composait sa nouvelle noblesse, ralliait l'ancienne, créait ses grands fiefs militaires et reconstituait avec l'autorité d'une consécration religieuse tous les supports nécessaires de toute monarchie, elle revenait au principe d'autorité ; car la raison pure n'expliquera jamais les prérogatives d'un pouvoir irresponsable et les priviléges de ses soutiens. — Enfin elle partageait le principe quand elle s'accommodait de la monarchie constitutionnelle, et faisait participer au gouvernement de l'État les divers éléments de la société, en concours avec le représentant de l'antique légitimité.

Les esprits peu attentifs, qui croiraient remonter à

la cause première en expliquant ces mouvements alternatifs par une loi de statique morale qui fait réagir le despotisme contre l'anarchie et réciproquement, s'arrêtent en chemin; les excès en politique ne sont que l'exagération d'une vérité. Si la cause de l'ordre n'était pas celle de l'autorité et si la liberté n'était pas la raison, on peut assurer, à la louange de l'espèce humaine, que le despotisme et l'anarchie, qui sont la dégénération de ces principes, n'auraient jamais trouvé, à un seul moment, de partisans convaincus pour les défendre.

La seconde période de notre histoire révolutionnaire moderne, celle qui commence à la chute de la Restauration, paraît, à la vérité, s'être compliquée d'une difficulté nouvelle à laquelle la question de l'autorité et de la liberté semble étrangère. En 1832 et en 1848 notre génération a d'abord deviné puis entrevu la guerre sociale. Mais qui pensera que les mouvements socialistes se fussent produits d'eux-mêmes, du moins avec l'autorité d'une doctrine, si l'impulsion n'était venue d'ailleurs? On remarquera qu'ils ont été la suite d'un mouvement purement politique et libéral, et comme l'effet d'une force de projection que l'esprit de liberté s'était donnée; de sorte que loin d'être étrangers à cet esprit, ils seraient la manifestation de ses excès. Ainsi pensaient en même temps leurs adversaires et leurs défenseurs. Certes nous ne mettrons pas au compte des doctrines de la pure raison les aberrations de quelques sectaires modernes qui s'en réclamaient. Autant vaudrait en rendre responsable la sainte fraternité évangélique, dont ils usurpaient aussi le nom, quoiqu'il fût si facile de reconnaître sous une étiquette trompeuse la passion sensuelle, l'appétit jamais assouvi, ou le besoin, hélas ! cherchant à s'élever à la dignité d'un droit. Mais, si la liberté est pure des excès du socialisme philosophique, mauvaise plante dont le courant porte la graine sur son champ, sans parler du socialisme guerrier, si c'est même au principe de liberté qu'il faut remonter pour le combattre efficacement, la liberté réagissant contre l'autorité n'est pas moins l'occasion qui l'a produit ; il est né de l'opposition des deux principes et de leurs mouvements répétés de réaction.

Ainsi, voilà la redoutable antinomie de l'autorité et de la liberté, cette question si haute, si abstraite, qui ne paraît accessible qu'aux penseurs et faite seulement, à ce qu'il semble, pour occuper leurs loisirs, la voilà dans nos discordes civiles, soit comme cause cachée mais certaine de ces discordes, soit comme cause médiate des excès où les réactions peuvent conduire dans l'un ou l'autre sens ! Au-dessus des ambitions et des intérêts des acteurs politiques, des souffrances et des craintes de la foule, des fautes ou des crimes des gouvernants, toutes causes secondaires, son principe, si une négation peut s'appeler de ce nom, domine les événements, frappant d'impuissance les combinaisons de la sagesse et les efforts du génie, la royauté et l'empire ; paralysant ou suscitant tour à tour les mouvements excessifs ; ouvrant un jour le champ à toutes les espérances, puis les laissant découragées le lendemain ; réduisant les intérêts et les passions à se débattre sur un sol inconsistant ; déjouant toujours les prévisions des esprits rigoureux ; transformant, dans l'ordre des faits, en instabilité et en malaise l'incertitude et la contradiction de deux règles qui se combattent dans les régions de la pensée ! Que n'aurions-nous point à dire si, passant de l'histoire contemporaine à l'événement du jour, nous montrions cette même cause affaiblissant sans la détruire la puissance morale du chef de la chrétienté, et ébranlant sans l'abattre, dans son pouvoir temporel, humain, le support de son pouvoir spirituel et la garantie de son indépendance ! Mais c'est surtout dans l'état moral et religieux des âmes que l'indécision résultant de la contrariété de deux règles, toutes deux vraies au point de départ, se fait sentir ; c'est là qu'elle peut être étudiée à sa source, et qu'on pourrait la saisir, si le propre de toute pensée indécise n'était pas d'échapper à l'analyse complète et aux appréciations très-exactes.

Nous ne sommes pas de ceux qui estiment que entre les pensées des philosophes, même quand il leur arrive de penser juste, et les mouvements et fluctuations de la foule, dans l'ordre moral et politique, il n'y a nulle corrélation. Les abstractions sont autre chose que des bulles vides et colorées. La philosophie sociale, en fin de compte, dans ses maximes ses plus abstraites ne fait que constater les faits moraux que l'observation lui a fournis, les généraliser et en tirer des conclusions. Si l'observation est exacte, la généralisation bien faite et la conclusion naturelle, la maxime exprimera l'état général, et l'exprimera dans la mesure de vérité propre à de tels faits. Pour que cela fût impossible, il faudrait que toutes ces manifestations extérieures, diverses, sur lesquelles le philosophe opère à la façon du géomètre et qui sont comme la matière de sa pensée, fussent sans connexion entre elles et se produisissent sans raison, comme des faits automatiques. Mais nul ne croira, quand les calculateurs, depuis Bernouilli et La Place arrivent sans trop d'efforts à en chiffrer les probabilités, qu'elles devront rester pour le penseur des matériaux inutiles. La vérité est que dans le chaos apparent des volontés divergentes le philosophe peut chercher des faits constants, les trouver, et par une induction fondée sur la permanence des lois morales, non moins certaine que celle des lois physiques, arriver à promulguer l'avenir. Il opère alors sur les masses, comme le géomètre probabiliste sur les grands nombres. Rien n'est hasard. Au fond de la diversité il y a l'unité. Entre l'une et l'autre extrémité où s'égarent les esprits indisciplinés ou excessifs, il y a l'homme *moyen*, indécis quelquefois ou balancé entre deux principes contraires, comme à l'époque où nous vivons. C'est après avoir déduit ce que nous appellerons la moyenne du sentiment public que nous affirmons dans l'état religieux de ce temps la même antinomie que dans l'état politique.

Il est intéressant de considérer, en effet, cette situation nouvelle d'une époque partagée entre de vieilles croyances qu'elle ne peut prendre sur elle de répudier complétement et le *dictamen* d'une sagesse toute rationaliste à laquelle on fait infidélité à chaque pas de la vie commune. Nous repoussons la règle de l'Église, ses préceptes religieux, son enseignement surnaturel, ses dogmes; nous nous proclamons bien haut affranchis de ses exigences réputées tyranniques; mais nous faisons consacrer la naissance des enfants, la mort de nos proches, les grands faits de la vie civile, comme le mariage, et nous nous indignons d'un refus de sépulture même prescrit par les règles canoniques comme d'un acte d'intolérance tombant sous les facultés de la loi. Nous nous moquons de la grâce efficace, et nous admettons les immunités de certaines situations sociales. Tel qui se révolte contre la tradition du péché originel, ou se courrouce en songeant au dogme de la reversibilité des fautes, repoussera la main du fils d'un supplicié, et trouvera équitablement utiles les dispositions de nos codes qui enlèvent aux enfants naturels les droits ordinaires de succession. Qui expliquera ces contradictions dont la liste pourrait s'allonger indéfiniment; autrement que par cette contradiction plus haute entre le sentiment puisé dans un ordre de faits inaccessibles à la raison, et la règle tirée des seules lumières de la raison et de la conscience?

L'opposition, qu'on veuille bien le remarquer, n'est pas seulement entre la doctrine catholique et la raison particulière ; elle est entre le principe du surnaturel et celui de la raison. L'Église catholique périrait que la question ne disparaîtrait pas. Si nous empruntons de préférence nos exemples aux doctrines de l'Église, c'est que l'Église tient mieux que toute autre puissance le dépôt de l'autorité, et qu'après tout ces doctrines sont encore celles de ce temps.

On ne justifierait pas d'ailleurs les démentis que l'homme de notre temps se donne journellement à lui-même en répliquant que la raison ratifie ces acquiescements partiels ; car une adhésion de l'intelligence à une vérité au-dessus de sa portée est déjà un acte de foi en contradiction avec les prétentions rationalistes que l'on professe, et ensuite on ne comprendra jamais comment la raison continue d'être la raison, après avoir abdiqué sa puissance sous des mystères qui la dépassent. Tout ce qu'on peut penser des faits contradictoires que nous venons de rappeler comme exemples, c'est que dans ces faits la raison, selon le mot de saint Augustin, juge qu'elle doit se soumettre. Ainsi fait dans toutes les religions le croyant enchaîné aux dogmes de la foi. Mais alors il ne faut plus parler de la raison comme d'une puissance se suffisant à elle-même, n'admettant ni rivalité ni contrepoids ; ou plutôt il faut reconnaître dans les profondeurs ignorées de la pensée le sentiment indistinct de deux principes de vérité différents, et conséquemment l'antinomie que nous signalons.

Telle est la situation morale de notre génération troublée, divisée dans la vie intérieure comme dans la vie publique. Il faudrait fermer les yeux à toute clarté pour ne pas voir cette double contradiction ; elle est au foyer de l'âme ; la cause est identique.

Dans l'ordre moral, la foi s'en va, on l'a dit assez, et la raison ne vient pas. Dans l'ordre politique, l'incertitude de la pensée se transforme en malaise et aboutit à des révolutions sans résultats. Impuissants et excessifs tout à la fois, nous nous débattons entre deux forces qui se détruisent, pendant que les théoriciens à bout de constitutions, c'est-à-dire de logique, attendent en silence l'apparition de quelque vérité inconnue, dont la lumière, hélas! trompeuse ne paraît devoir éclairer que de nouvelles déceptions. Quelle est philosophiquement la nature du mal? Où commence-t-il? Où gît-il? Que sont ces forces contraires entre lesquelles nous nous agitons éperdus? Comment sont-elles nées et ont-elles grandi intérieurement dans l'âme, pour aboutir comme résultat au double état, moral et social, que nous venons de constater? C'est la question fondamentale qu'il faudrait commencer par résoudre avant d'aviser aux moyens d'arrangement.

CHAPITRE III

DE L'AUTORITÉ ET DE LA LIBERTÉ DANS L'AME HUMAINE.

Que la question de l'autorité et de la liberté se réduit à celle du critérium de la vérité. — Ce que c'est que la vérité. — Comment l'homme la connaît dans la science, — Dans la morale, — Dans l'ordre surnaturel. — De la religion naturelle. — Des religions révélées; leurs caractères communs. — Que de surnaturel est en nous.

Nous avons dit incidemment que la question de l'autorité et de la liberté n'est autre en réalité que celle du principe de notre connaissance, et que l'antinomie soulevée par les deux principes se trouve au foyer de l'âme humaine, de l'âme, disons-nous, partagée entre deux règles que la science philosophique n'a pu encore concilier. Il est manifeste que c'est la question de la vérité, vérité morale et vérité de droit, qui s'agite sous cette dénomination, et que s'il n'y avait pour l'homme qu'un seul moyen de connaître, aucun doute sérieux, en dehors de la sphère spéculative, ne saurait se produire et surtout durer longtemps. On disputerait dans les écoles sur la légitimité de ce moyen, comme les sceptiques de tous les temps l'ont fait à propos de la raison considérée comme faculté. Mais cet état anxieux, cette hésitation douloureuse et dangereuse que nous avons indiquée plutôt que décrite serait un mal inconnu. Comme il n'y aurait pas de milieu entre l'être et le néant, le scepticisme, au moins dans la pratique, se trouverait forcément ramené de l'extravagance à la raison. On voit ainsi que dans l'ordre politique, réduire à l'unité, si cela se pouvait, le double principe de vérité, qui dans les lois et constitutions met en présence la vérité et l'erreur, la justice et la violence, la domination et l'oppression, ou ce qui revient au même fait croire à ce conflit, ce serait faire cesser dans l'État la cause persistante des discordes civiles, celle où chacune des deux parties croit avoir pour soi le bon droit et l'équité.

Cette dernière conclusion est peut-être trop prématurée pour être bien comprise. Nous répéterons ainsi notre pensée, en changeant les termes : Deux principes de vérité contraires ont inévitablement chacun pour adhérents des logiciens à outrance également sincères ; le moins qui doive arriver c'est qu'on ne puisse préciser que peu ou mal, dans le cas de conflit, la limite où ces principes s'arrêtent, où l'un doit céder à l'autre. Or, quand ils se produisent dans le droit, ils deviennent, par l'impossibilité d'une conciliation, pour les deux parties une arme d'autant plus dangereuse que toutes les deux la manient avec la conscience de leur droit, comme champions convaincus de la vérité.

Qu'on nous pardonne ici un peu de métaphysique d'occasion. La métaphysique, c'est le roman de l'esprit, dit-on. Soit. Mais sans ce roman, il faut absolument renoncer à penser.

Si l'on demande d'abord ce que c'est que la vérité en soi, ce bien suprême, ce premier besoin de l'homme, cette éternelle cause de controverses pacifiques, mais aussi de luttes armées dans l'ordre politique, il faut reconnaître que ce n'est qu'une apparence, mais l'apparence conforme à la réalité. La vérité, en effet, c'est la chose se manifestant telle qu'elle est. Nous la connaissons par l'intermédiaire de nos facultés, au témoignage desquelles nous croyons d'une manière invincible, parce que nous ne pourrions les récuser sans anéantir notre être. Quand elles nous attestent tels faits physiques ou moraux, nous les tenons pour constants; l'évidence alors force notre entendement. Nous concluons de l'apparence à la réalité par l'effet d'une induction dont nous ne sommes pas maîtres. Nous affirmons ainsi comme faits primitifs notre existence, celle du monde extérieur, nos facultés, la légitimité du principe de notre connaissance et la réalité des notions premières que ces facultés nous font acquérir. La science humaine, celle qui est faite de démonstrations, ne saurait jamais remonter plus haut ; mais telle qu'elle est elle suffit à l'homme; elle suffit si bien qu'on n'a pas encore rencontré dans la vie commune de sceptique effectif et complet.

Mais nos facultés sont diverses, et nos moyens de connaître varient avec elles. Dans la science, c'est-à-dire dans l'ensemble des connaissances élevées ou communes que l'homme peut acquérir sur lui-même ou sur les choses qui l'entourent, l'homme connaît par la raison. Qu'il s'agisse de nombres et de grandeurs comme dans la géométrie, d'existences et de qualités comme dans les sciences physiques, qu'il s'agisse même des procédés de l'esprit humain à la recherche des vérités naturelles ou morales, comme dans la logique et la psychologie, l'homme ne peut avoir pour règle que sa propre raison, non l'autorité, quelque part qu'on la place ; car autrement la science qui est de sa nature progressive s'arrêterait, ou contredirait perpétuellement l'autorité, qui de sa nature au contraire est complète dès le premier jour et ne gagne rien avec le temps. Voilà donc un premier moyen de connaître, applicable toujours aux connaissances qui naissent de l'observation ou de la réflexion. — Nous savons que des champions forcenés de l'autorité ont entendu lui soumettre, même de nos jours, la science aussi bien que la foi ; mais nous savons aussi qu'en renouvelant le banal exemple de l'histoire de Galilée, ils n'ont réussi qu'à exaspérer les controverses dont ils voulaient tarir la source, et à compromettre la cause même qu'ils entendaient servir.

Dans la morale, c'est-à-dire dans la science des devoirs, la raison intervient encore pour juger le bien et le mal, pour prononcer sur le mérite de l'acte que nous avons à apprécier ou à accomplir. Mais ici la raison n'agit pas seule. Quand j'ai à prendre une détermination pour agir, ou quand j'ai à porter un jugement sur la moralité de telle action de mon semblable, une émotion intérieure fournit, pour ainsi parler, à la raison, faculté inerte de sa nature, la matière du jugement qu'elle va porter. Cette émotion c'est le sentiment, et la sensibilité le produit; le rôle de la raison est d'en régler la mesure. Qu'on appelle l'action combinée de la raison et du sentiment, sens moral ou conscience, le mot importe peu [1]; il suffit

[1] Si cependant nous faisions de la psychologie, nous montrerions que le sens moral, la conscience, n'existe pas comme faculté distincte. Nous

de constater dans cette double action un second moyen de connaître, d'où résulte la règle de nos pensées morales et de nos actes.

Il est bon de faire ici une remarque dont nous aurons plus tard à nous prévaloir. Les vérités rationnelles, comme les vérités mathématiques, physiques, psychologiques, se démontrent et sont les mêmes pour tous. Les vérités de sentiment, au contraire, varient comme les individus, et si la raison peut y appliquer jusqu'à un certain point une certaine unité de mesure, elle ne peut jamais arriver à en préciser tellement l'image que le consentement unanime s'y rallie. Il suit de là que si le principe de chacun de nos devoirs est certain, il n'en est pas de même du degré où ils s'imposent, surtout dans nos devoirs envers nos semblables. Nous verrons que dans l'ordre politique c'est là que commence la grande difficulté, l'antinomie de l'autorité et de la liberté. Mais nous ne pouvons nous arrêter ici au développement de cette idée ; nous devons poursuivre l'examen rapide des différentes formes de la vérité et des voies par lesquelles il nous est donné de la connaître.

jugeons de la moralité des actes d'autrui en les rapportant à nous-mêmes, et nous jugeons de la moralité de nos propres actions par la double action du sentiment et de la raison.

Après les vérités de la science et de la morale viennent dans l'ordre de nos connaissances les vérités surnaturelles. Nous entendons parler ici non pas encore de ces dogmes dont l'ensemble constitue une religion complète, mais de ces mystérieuses probabilités auxquelles l'homme peut atteindre par la force de son entendement, sans qu'il lui soit donné néanmoins d'aller au delà d'une conjecture raisonnable. L'existence d'un être éternel, infini, tout puissant et tout parfait, l'action de la Providence, l'innocuité, disons le bienfait de la douleur, par quoi Dieu éprouve l'homme juste et se le prépare, l'immortalité de l'âme, la vie future avec ses récompenses et ses peines, la nécessité de la prière, sont autant de vérités que l'homme peut connaître par lui-même, sinon en ce sens qu'il arrivera à une démonstration capable de forcer le consentement, en ce sens au moins que toutes les autres vérités supposant quelqu'une de celles-ci nécessairement, il induira le surnaturel, comme dans l'ordre physique on conjecture la cause par l'effet. De toutes les preuves de l'existence de Dieu il n'en est pas qui n'enferme, comme Kant l'a montré, une contradiction. Telle est cependant la puissance de toutes ces preuves géminées, telle est la nécessité de cet être éternel et tout-puissant, sans l'existence duquel l'existence de quoi ce soit ne se comprend plus, qu'il n'est pas dans l'histoire du monde une époque où l'homme ne soit remonté des idées qu'il conçoit clairement à l'idée mystérieuse de la divinité, d'où découlent les autres vérités surnaturelles qui lui font entrevoir le mystère de sa destinée ici-bas. La religion naturelle, comme on l'appelle, ne repose pas sur un syllogisme en règle ; on l'induit de cette idée qu'il est impossible qu'elle ne soit pas.

Voilà donc l'homme en possession d'un certain nombre d'idées vraies. Il est savant ; il est moral ; il est religieux ou à peu près ; il sait, il sent, il croit sur le monde extérieur, sur lui-même et sur Dieu ce que peuvent lui apprendre la raison, le sentiment et l'action combinée du sentiment de la raison ; mais il n'est pas encore au terme où puisse s'arrêter son désir, disons mieux son besoin de connaître. Il n'arrive à l'idée religieuse que par le besoin de se reposer du vague de ses aspirations, et la religion naturelle ne lui donne que des formules inachevées. Les religions positives, en ce qu'elle sont d'éternel, complètent son éducation. Entre toutes, la religion chrétienne, la seule vraie à nos yeux, explique l'énigme de la vie ; elle procure à l'âme cette quiétude sans laquelle rien de grand et de durable ne saurait s'accomplir ici-bas ; elle donne au sentiment sa forme vraie, à la morale son fondement solide, au devoir sa sanction. Elle console et fortifie, en découvrant à l'homme, au delà des misères de sa condition présente, les perspectives d'un avenir infini.

Nous n'entreprendrons pas incidemment une apologie du christianisme ; cela n'est pas nécessaire et la matière est épuisée. Nous nous contenterons d'indiquer le caractère de toutes les religions, ou au moins de celles qui contiennent quelques parcelles de vérités.

D'abord toute religion ayant pour objet de donner une formule fixe à ce qui est de sentiment n'existe qu'à la condition d'avoir pour base un enseignement supérieur, c'est-à-dire une révélation, et pour point de départ une incarnation divine ou une prophétie [1]. Les preuves de la révélation sont tout historiques. Le prêtre enseigne et commande au nom de Dieu ; mais il y a ceci à remarquer, que son commandement se termine à la loi divine, et que son enseignement sacerdotal s'arrête avec les faits révélés. Quand il a prouvé le fait par lequel Dieu s'est révélé à l'homme et l'authenticité des livres sacrés ou de la tradi-

[1] Nous parlons des religions en général, mêlant les fausses religions et la religion vraie, parce que nous n'avons ici en vue que les points qui leur sont communs. Tout ce que nous voulons dire, c'est que les livres sacrés ne sont tels que par leur origine divine, vraie ou supposée, aussi bien les Védas et l'Alcoran que le Pentateuque et l'Évangile.

tion qui en témoignent de la révélation, sa preuve est complète. S'il la continue, s'il condescend à démontrer la concordance de la loi divine avec la nature humaine, comme l'ont fait les apologistes de la religion chrétienne dans tous les temps, mais jamais autant que dans le nôtre, il fait œuvre de philosophe ; il fortifie l'autorité par la science ; il conjecture les motifs de la loi, sans que ses démonstrations ou ses conjectures, où il lui est permis de se tromper, puissent en augmenter aucunement le caractère obligatoire.

Une autre nécessité des religions est d'expliquer tous les secrets de la vie, tout en ne contenant de dogme que ce qui est indispensable à cette explication. Elles doivent dire tout et ne rien dire en vain : le superflu est mythologie. Le christianisme a pour fondement le mystère de la chute originelle reversible sur l'espèce humaine, et la rédemption par Jésus-Christ. Mais si l'on prenait séparément tous les dogmes de la religion chrétienne, on n'en trouverait pas un qui n'eût sa raison d'être pour expliquer quelque énigme dont il importe de connaître le mot dans la vie pratique. En revanche elle comprend, et toutes les religions doivent comprendre dans un vaste enseignement les vérités morales aussi bien que les vérités surnaturelles, et toutes ces vérités doivent se tenir si étroitement qu'on ne puisse rompre une maille sans voir se dévider le réseau tout entier.

Enfin tous les dogmes ont ce caractère commun d'être contraires à la raison, disons-le déraisonnables, mais de concorder si parfaitement avec la nature humaine qu'en les rejetant rien ne s'explique plus.

Tels sont les points notables des religions, où le principe d'autorité, comme nous l'avons dit, réside comme dans sa source, parce que dans toute religion, c'est Dieu qui parle ou que l'on suppose parler, et que nul commandement contraire ou étranger à la raison ne peut être obligatoire en droit ou seulement en morale qu'à la condition d'émaner de Dieu même. Mais si des hauteurs de l'idée religieuse on redescend aux choses humaines, on y ramène, on y place l'idée religieuse non-seulement comme sanction, mais comme fondement du devoir ou au moins des devoirs de relation. Car toute religion contient une doctrine de mœurs. On est arrivé à l'autorité par le sentiment ; maintenant l'autorité s'impose ! Ces dogmes, conjecturés, induits par le sens particulier, promulgués et définis dans les religions positives, produisent dans la vie des règles que l'homme ne saurait répudier sans se démentir. Mais un devoir dérivé d'un dogme ne peut être autre chose qu'un dogme lui-même, et avec les devoirs moraux qui se résument tous dans le mot charité nous voyons apparaître l'opposition de l'autorité et de la raison.

Le caractère dogmatique dans nos devoirs les plus saints, dans ceux qui nous imposent le dévouement, le sacrifice, ne saurait être méconnu un instant. La raison est prudente ; elle ne commande rien de semblable. Le monde a accepté le dogme chrétien pour la morale sublime qui en découlait. Bossuet disait : « Pour bien vivre il faut bien croire [1]... On veut de la morale dans les sermons et on a raison, pourvu qu'on entende que la morale chrétienne est fondée sur les mystères du christianisme [2]. » Mais quand l'homme après être remonté à l'idée religieuse et en être redescendu, se retourne, il aperçoit la raison contredite ou dépassée ; il se trouve avoir perdu son principe en chemin. — On édifie sur le sentiment et le raisonnement l'autorité et la foi, et l'édifice écrase ses fondations !

On voit que la question de l'autorité et de la liberté bien posée ne s'agite pas seulement dans la sphère morale où nous nous plaçons entre telle église et la raison particulière, mais entre l'autorité religieuse quelle qu'elle soit et la raison. Et si sortant du domaine religieux on descend encore d'un degré, on

[1] 5e Avertissement aux protestants, 114.

[1] *Discours sur l'unité de l'Eglise*, 1er point.

retrouve l'opposition entre deux facultés de l'âme humaine, entre le sentiment et la raison. C'est que l'autorité n'est en dernière analyse que l'expression du sentiment. Nous voudrions qu'on comprît cette parole. Le sentiment est personnel, flottant; l'autorité le fixe. Supprimez en imagination les églises; arrachez au sentiment sa formule, et le principe religieux que vous n'anéantirez pas, parce qu'il est au fond de l'âme, continuera de subsister, et la difficulté restera à très-peu près entière.

Contestera-t-on que le principe du surnaturel se trouve en nous-mêmes? Dira-t-on qu'il a été inventé dans des religions prétendues révélées, et qu'en rompant avec la révélation, on romprait du même coup avec le surnaturel et la contradiction qu'il enfante?

Les plus radicaux sans doute n'iront pas jusqu'à rejeter Dieu, et avec Dieu cet ensemble de vérités qui forment la religion dite naturelle. Or la seule idée de Dieu appartient déjà à un ordre d'idées qui n'est pas celui des vérités de la pure raison. Puis cette religion mal nommée ainsi peut-être, car une religion est un lien que Dieu seul et non l'homme peut créer, cette religion dite naturelle n'est qu'un ensemble d'opinions variables, dont ses sectateurs n'ont pu s'accorder encore à dresser le catalogue. Faute d'un principe fixe et d'un fait divin qui l'impose, elle reste à l'état de conjecture indécise, comme un prolongement de la science humaine ; et incomplète comme elle est, par une infidélité manifeste au seul objet de toute religion, elle abandonne l'homme un peu plus tard, il est vrai, aux incertitudes inhérentes à sa condition aussi longtemps qu'il n'a vis-à-vis de lui que lui-même, c'est-à-dire les créations vagues de son propre entendement. Mais quand elle aurait la fixité qui lui manque, l'homme déjà placé sous l'empire de vérités qui le dépassent et par conséquent surnaturelles, se trouverait encore conduit dans les actes les plus fréquents de la vie commune, par des inconséquences aperçues ou non, à en franchir le cercle. Nous le montrerons par un exemple décisif.

On parle encore aujourd'hui beaucoup de la fraternité; en 1848, on voulait l'écrire dans la loi. Mais qu'est-ce que la fraternité, la charité, sinon la solidarité de l'espèce humaine, la reversibilité, dans une mesure inconnue, des mérites et des fautes de l'homme sur son semblable? Il faut remonter à cette cause mystérieuse que le christianisme a fait connaître, mais qu'un sentiment indistinct faisait pressentir auparavant et a confirmée après. La raison pure n'enseigne que l'égoïsme ; et le sentiment qui n'explique rien, en poussant même à un sacrifice momentané, n'expliquera pas le sacrifice permanent et répété. Si je dois assister mon semblable dans l'infortune, au prix de mes jouissances et même de mon bien-être, c'est que l'infortuné porte à ce moment la peine de la faute de l'espèce, et par conséquent la mienne, puisque j'appartiens à l'humanité.

Il est si vrai que le précepte de la charité découle du dogme que l'antiquité, faute d'avoir connu le dogme, a ignoré le précepte. Platon n'arrivait au régime de la communauté des biens qu'en partant de données purement scientifiques. Cicéron n'a prononcé le mot chrétien de charité (*caritas generis humani*) qu'une fois, avec une conscience douteuse de la portée qu'il y fallait donner [1]. Un vers de Térence, par son disparate avec l'esprit antique, vit encore depuis deux mille ans [2]. Sénèque a fait un traité des bienfaits, où l'on admire le philosophe, mais où l'on cherche vainement la trace du sentiment évangélique. Ces grands esprits, étrangers aux impénétrables mystères du

[1] L'antiquité soupçonnait la chute originelle et l'hérédité du mal ; c'était une croyance ancienne et de tous les pays comme l'atteste maint passage du même Cicéron, et notamment celui-ci : *Videtur illud esse crudele, quod ad liberos qui nihil meruerunt pœna pervenit. Sed id et antiquum est et omnium civitatum.* 15e *Epist. ad Brutum.* Mais cette croyance d'abord n'avait pas l'autorité d'un dogme et ensuite n'impliquait pas la solidarité de l'espèce.

[2] *Homo sum, humani nihil a me alienum puto.*

HEAUNT. Act. I, sc. I.

christianisme, éclairés seulement par une lueur douteuse, ne pouvaient mettre au rang des vertus la pratique d'un sentiment absurde au regard de la raison, où l'homme, par un acte qui serait l'effet de la démence s'il n'était sublime, dispute à l'homme l'expiation et le châtiment.

Ainsi l'homme de nos jours, le libre penseur, se trouve placé dans cette alternative de condamner le sacrifice comme contradictoire avec le dictat de la raison, ou d'en chercher la cause dans un mystère de notre nature que même la religion dite naturelle n'expliquera pas. Répudiera-t-il, au nom du progrès, le plus sublime effort du progrès moral, ou ne lui rendra-t-il que des hommages aveugles et inexpliqués? Rayera-t-il la charité, le dévouement du catalogue des vertus humaines, ou proclamera-t-il que l'homme de dévouement ne sait ce qu'il fait? Il ne le peut pas. Il recule alors devant un excès que sa conscience mieux éclairée désavoue, ou plutôt une lumière divine a tranformé son être ; il arrive par l'enthousiasme du beau moral à la foi ; il affirme ce qu'il ignore par ce qu'il sent; il a éprouvé le souffle d'une puissance mystérieuse, de ce DIEU INCONNU que saint Paul prêchait dans Athènes à son auditoire étonné, et auquel le paganisme tout-puissant, triomphant, mais inquiet et troublé consacrait un temple.

S'il nous fallait résumer les idées exposées dans ces pages avec une apparence de confusion inévitable, nous dirions donc que l'opposition de l'autorité et de la liberté commence dans l'âme humaine, avec l'opposition de ces deux facultés, la raison et le sentiment tendant à la vérité par des voies contraires; que l'idée du devoir ou au moins des devoirs de relation, charité, pardon des injures, etc., oblige l'homme à remonter au principe religieux qui en donne la mesure; qu'ainsi l'idée du surnaturel est en nous; que les opinions à l'ensemble desquelles on a donné le nom de religion naturelle ne pouvant suffire à tout expliquer, l'homme se trouve contraint de chercher dans les dogmes des religions positives le repos, rien ne lui pesant comme le doute; que le dogme alors s'impose et pénètre la science morale; que l'homme de notre temps, esprit fort ou dévot, en subit l'empire à son insu; que les Églises sans distinction, mais l'Église catholique entre toutes, sont ainsi les dépositaires naturels du principe d'autorité, mais que cette dernière pourrait disparaître sans que le principe pérît. Toutes ces idées se tiennent.—Après avoir démontré, nous le croyons, ces vérités fondamentales, voyons particulièrement comment l'opposition de l'autorité et de la liberté, de la théocratie et de la raison, se produit dans l'ordre du droit, autrement dit dans la vie politique.

CHAPITRE IV

DE L'AUTORITÉ ET DE LA LIBERTÉ DANS LE DROIT.

De l'antinomie de l'autorité et de la liberté dans le droit.—Des différentes théories du droit. — Ce que c'est que le droit. — Que le droit fait l'homme libre. — Des différentes théories du pouvoir politique. — De l'inconciabilité de l'autorité politique et du droit.—Comment l'antinomie de l'autorité et de la liberté est la question pressante de ce temps.

Les questions comparées, doubles, comme celle que nous entreprenons de traiter dans ce livre, présentent à l'écrivain d'extrêmes difficultés. Par la multiplicité des points auxquelles elles touchent et par leur extrême généralité, elles ne permettent pas d'atteindre à cette clarté commune, sur laquelle, à bon droit, on paraît vouloir juger désormais les œuvres de philosophie. D'un autre côté, le caractère complexe des questions qu'elles soulèvent, ne permet pas d'épuiser ces questions d'un trait. De là la nécessité de désigner souvent d'un mot toute une classe d'idées, d'ajourner souvent aussi la preuve des propositions qu'on avance, de faire des retours fréquents sur des points déjà indiqués, et de ne procéder que par des exemples isolés, dans l'impossibilité où l'on est de faire à chaque fois des dénombrements complets. Nous espérons néanmoins ne pas rester incompris quand nous appelons, par abstraction, principe d'autorité l'ensemble des règles empruntées, en morale ou en politique, à l'ordre surnaturel; principe de liberté, celles que l'homme peut trouver en lui-même; et nous tiendrons pour démontré tout point de doctrine applicable à un ensemble de faits, quand il l'aura été une seule fois dans un seul.

Si l'opposition de l'autorité et de la liberté se produit dans la morale, comme nous pensons l'avoir montré, parce que cette opposition est dans l'âme humaine, on peut prévoir avec certitude qu'elle se produira également dans le droit. De même qu'il y a des dogmes religieux, fondement même de la religion et des dogmes moraux, comme la charité, on sera porté à induire des dogmes civils, politiques, juridiques. Le droit, comme faculté personnelle, n'est autre chose que la manifestation du devoir à l'encontre des volontés ennemies qui en empêchent l'exercice; c'est le devoir continué; et comme ensemble de règles, sous la forme d'une charte ou d'un code, le droit est l'expression de l'ordre, la garantie de la liberté morale s'exerçant dans le cercle tracé par le principe du devoir autour de l'individu. Le droit dérivant de la morale se trouvera ainsi inévitablement sous l'empire des deux règles différentes qui la dominent. De plus il viendra se choquer contre des commandements déduits de vérités supérieures à la raison ; car on pense bien que le surnaturel enseigné par la révélation ne demeurera pas une science incomplète dans la doctrine des Églises qui l'interprètent. Tout ce que l'on pourra espérer, sera d'en limiter l'empire au prix de quelques inconséquences. Mais, avant d'aborder cet ordre d'idées qui évidemment ne peut être que la matière d'une conclusion et sur lequel nous reviendrons, il faut voir comment les deux principes contraires de l'autorité et de la liberté, tous deux vrais au point de départ, mais marchant à l'encontre l'un de l'autre, se produisent dans l'ordre du droit et s'y heurtent; comment la grande difficulté que l'on rencontre à la source même des sciences morales, reparaît transformée dans la science politique.

Les théories du droit n'ont pas manqué. Hobbes et Bentham ont placé le principe du droit personnel, c'est-à-dire du droit comme principe d'action, dans l'intérêt, de telle sorte que l'individu peut faire licitement tout ce que son utilité propre lui commande [1]. Pour Spinoza, le droit c'est la force; dans cette doctrine, panthéistique chez son auteur, cynique chez ses successeurs, le fort est fait pour asservir le faible, « comme les poissons pour nager et les plus gros pour manger les petits. » — Grotius fait consister le droit dans la faculté de faire tout ce qui n'aurait pas pour résultat de rendre impossible l'état social. — Kant le déduit de l'égalité et pose cette règle : Agis de telle sorte que le libre usage de ta volonté puisse concorder avec la volonté de tous. — Krause et les écrivains des écoles socialistes fondent le droit sur le besoin, et accordent à l'individu la faculté naturelle d'exiger d'autrui tout ce qui est nécessaire, comme moyen, pour réaliser sa destinée. — Nous ne parlerons pas d'autres théories qui se rattachent toutes à quelqu'une de celles-ci et n'en diffèrent que par des nuances, parce qu'à notre sens toute doctrine qui n'est pas fondée sur un principe unique, tout système qu'on ajuste au moyen de pièces de rapport empruntées ailleurs, où l'on compose avec des systèmes différents, par cela seuls contraires, est irrémédiablement condamnée comme insuffisante ou incomplète, et inévitablement contradictoire, sinon dans les termes et en

[1] Tout ce que nous disons ici sur le droit est longuement développé dans nos *Principes du droit*, p. 13 et suiv.

apparence, au moins, et cela est plus grave, dans la pensée.

Nous ne méconnaissons pas ce que quelques-unes des théories que nous venons d'indiquer ont de pratiquement utile. Il en est, comme celle de Kant, qui fournissent des préceptes dont il faudra toujours tenir grand compte ; mais, quelles qu'elles soient, nous ne saurions en admettre aucune comme complétement vraie et satisfaisante en tant que théorie.

D'abord elles ont toutes un vice commun, ou au moins elles ont contre elles un préjugé, en ce qu'elles posent une règle d'action à laquelle toute idée de justice, de devoir, de morale, paraît étrangère. Ensuite elles n'établissent pas le droit sur une base fixe, stable, ou elles lui donnent un fondement erroné, ruineux. L'intérêt évidemment ne peut être un principe de droit, d'action, sans armer les hommes les uns contre les autres. Le droit du plus fort fait horreur. Le maintien de l'état social, la *socialitas* de Grotius ne saurait davantage fonder le droit, attendu que la société est un fait, un résultat de la sympathie humaine, et que l'homme ne peut se créer des droits et imposer des devoirs à ses semblables en obéissant à un penchant de sa nature. L'égalité de Kant n'explique pas le droit suffisamment ; car elle est un résultat plutôt qu'un principe, et elle ne dispenserait pas de dire pourquoi tel droit est légitime après qu'on aurait assigné à l'activité de l'homme des limites telles que chacun eût une part également mesurée. Enfin, pour montrer que le besoin de Krause ne saurait fonder le droit, il suffit d'observer que le droit est finalement égal pour tous, et que le besoin, s'il était le principe du droit créerait, d'une façon contradictoire, un droit inégal, le besoin étant essentiellement personnel et variant avec les individus.

Si tous ces principes sont erronés ou insuffisants, on se trouve amené par voie d'exclusion au seul principe supérieur au droit et qui puisse le baser, nous voulons dire à l'idée du devoir, à cette loi morale imposée également à tous et que l'homme ne pratique complétement qu'à la condition d'en faire respecter le principe dans sa personne. Le droit, en effet, c'est la faculté de faire librement, et s'il le faut en écartant par la force toute entrave suscitée par une volonté étrangère, ce que le devoir prescrit [1]. Hors de là

[1] Nous renvoyons encore à nos *Principes du droit* pour les développements que cette définition nécessiterait et la réfutation des objections qu'on serait tenté de faire. Nous n'en signalerons qu'une. Mesurer le droit sur le devoir, dira-t-on, c'est tyrannie ; voilà l'homme contraint à la vertu ; que devient la liberté ? — Nous n'accepterions pas cette critique. L'homme n'a pas de droit seulement pour pratiquer le plus haut devoir qui lui soit imposé, mais bien pour faire tout ce qui est actuellement un devoir, d'où suit que quand il y a collision des devoirs, le choix lui appartient. Je puis donc faire librement, *jure*, tout ce que j'estime avec raison

toute contrainte n'est plus qu'un fait de force, un acte sans moralité. Je ne puis agir contre mon semblable, en d'autres termes je n'ai de droit que pour surmonter ce qui serait un obstacle à la pratique d'un commandement de ma conscience. Si j'ai le droit d'acquérir c'est que j'ai le devoir de vivre [1]; si je puis défendre la liberté de mon culte, c'est que je dois prier. Je ne puis réclamer la liberté d'écrire et d'enseigner qu'en vertu de l'obligation où je suis de dire haut ce que je sais être la vérité. Il n'est pas un droit qui ne se rattache à un devoir comme une conséquence à un fait. Pour supprimer le droit, la liberté (une seule et même chose sous deux noms), il faudrait anéantir la conscience; car c'est seulement en se sentant libre que l'homme est lui-même, et l'on peut douter que sans le sentiment de son droit, il eût pleinement le sentiment de la responsabilité morale qui pèse sur lui.

Cette doctrine du droit entraîne avec soi des consé-

être actuellement un devoir, et je dois rester libre si je choisis mal par pusillanimité ou erreur. D'ailleurs la liberté étant égale et personne n'ayant plus de droit que moi, je demeurerai libre, la société n'ayant pas d'action contre moi.

[1] Les idées les plus étrangères les unes aux autres se touchent souvent dans les systèmes rigoureusement coordonnés. Admettez le suicide et la propriété ne peut plus se justifier. Il est bien clair que la même raison qui m'autorise à m'approprier les objets extérieurs pour soutenir mon existence m'interdit de me l'ôter.

quences de la plus haute importance. Toute une doctrine politique s'ensuit. Le droit, c'est-à-dire la justice obligatoire, celle qu'il est licite d'assurer au besoin par la force, c'est la vérité sous un de ses mille aspects. Le vrai, le bien, le juste, sont trois dénominations diverses d'une même chose. *Assentior ut quod est rectum verum quoque sit* [3]. Or, comme la vérité de droit est de celles qui se connaissent par la raison, et que le *criterium* des vérités de cette sorte est dans le sens individuel, il résulte que c'est à l'individu à déclarer le droit, loi de la société, au même titre qu'il constate les vérités physiques ou mathématiques ou psychologiques.

Et si maintenant, sans aller plus loin dans les con-

[1] *Cic. De legibus* II, 6. Avant Cicéron, Platon avait indiqué dans son dialogue de Criton cette identité de la justice et de la vérité : « Ο τι ἐρει ὁ ἐπαΐων περὶ τῶν δικαίων καὶ ἀδίκων, ο εἷς καὶ αὐτὴ η ἀλήθεια. Ce que pensent celui qui a le sentiment des choses justes et des choses injustes, lesquelles ne font qu'un avec la vérité. » Les jurisconsultes romains employaient presque indifféremment les mots *verum; æquum, justum*. Ils disaient *verus servus* pour *justus servus*. (*Inst., liv. I, tit. IV. De ingen.*) ; *verum pretium* pour *æquum pretium*. (*Dig. De don. inter virum et ux. l. sed si vir*). Térence avait dit : *Non verè vivitur* pour *On ne vit pas bien*. (Heaunt. Acte I, v. 101). Au moyen âge, saint Thomas proclamait l'identité du vrai et du juste : *Bonum quoddam verum est; sed rursùs et ipsum verum est quoddam bonum*. (*Summa Quæst., 82, art. 3, pars I*). Il y revient à plusieurs fois. Au siècle dernier, Vico, dont le génie était si étonnamment généralisateur, attachait une grande importance à la constatation de cette vérité. (V. nos *Essais de littérature du Droit*, 3e *part., ch.* III).

séquences, pour connaître le droit individuel sous un autre aspect, on procède par voie de substitution, à la façon des géomètres, comme déclarer le droit, c'est exercer le pouvoir législatif, on trouvera qu'à cette proposition que c'est à l'individu à déclarer la vérité de droit on peut substituer celle-ci comme identique : Dans la société, le pouvoir législatif, autrement dit le pouvoir de faire justice, appartient à chacun individuellement, et non pas à personne, à aucune puissance privativement.

Voilà donc, de par la raison, l'individu constitué législateur et juge dans la société, pourvu du droit de résistance contre toute exigence inique, indépendant au regard de tout pouvoir humain, non pas en ce sens qu'il n'aura pour règle que sa volonté, ses passions ou son caprice, mais en ce sens qu'il ne relèvera que de sa conscience pour ses actes, et de sa droite raison pour le jugement qu'il aura à porter sur les actes d'autrui. Est-ce ce qu'enseignent les dépositaires du principe d'autorité? Chacun sait le contraire; et l'histoire nous apprend et la constitution de presque toutes les sociétés politiques nous montrent que jusqu'à ce jour la doctrine de l'autorité a prévalu.

Nous n'avons pas à chercher ici le principe de toutes les formes de gouvernement dans leur infinie variété. Nous constaterons seulement ce fait, que tous les gouvernements imaginés jusqu'à présent, monarchiques, aristocratiques, républicains, mixtes, théocratiques ou populaires, reposent sur le principe de la souveraineté, c'est-à-dire d'une autorité qui n'a pas besoin d'avoir raison pour valider ses actes. Qu'ils aient pour cause, dans la pensée des publicistes, la cession supposée de la liberté native des particuliers au souverain, comme dans la doctrine de Hobbes et de Bossuet; la cession du droit national, comme selon Grotius; la conquête, comme l'admettent Grotius, Bossuet et Hobbes; la nécessité pour l'homme d'être gouverné, selon le sentiment de Domat et de De Maistre, qui par là se sont faits les vrais théoriciens de ce que l'on a appelé les gouvernements de droit divin; qu'ils reposent sur la base de l'omnipotence populaire soit innée, soit contractuelle, comme l'ont voulu Rousseau et les autres théoriciens de la forme républicaine ; qu'ils s'appuient sur les divers éléments de la société, ainsi que le veulent les publicistes du régime représentatif, dans toutes ces hypothèses, les gouvernements sont souverains, c'est-à-dire irresponsables de leurs actes, et les plus hardis des publicistes n'ont pas été au delà de la réserve des cas extrêmes [1]. Or, il est manifeste qu'entre l'individu

[1] Nous nous sommes expliqué longuement sur toutes les questions de souveraineté dans la seconde partie de nos *Principes du Droit*.

affirmant son droit et le souverain monarchique ou populaire maintenant les prérogatives du sien, il y a une contradiction que les distinctions les plus subtiles ne feront jamais disparaître, et que si la prudence politique arrivait jamais par impossible à prévenir le choc ou seulement à l'amortir, l'antinomie théorique ne continuerait pas moins de subsister, insurmontable et menaçante, déposant dans les constitutions un germe de lutte dont à un moment donné rien ne pourrait empêcher l'éclat.

Cette contradiction apparaîtra bien plus frappante encore si l'on donne à la souveraineté le seul fondement véritable sur lequel elle pourrait reposer. Hobbes, Bossuet, Grotius et ajoutons Rousseau font dériver l'absolutisme monarchique ou populaire d'un contrat. Selon Hobbes et Bossuet, les individus ont aliéné leur liberté sans restrictions en vue d'une sécurité éventuelle [1]. Pour Grotius, l'acte d'abandon a été passé entre le peuple constitué et le souverain [2]. Dans Rousseau, chacun des associés met en commun sa personne et toute sa puissance sous la suprême direction de la volonté générale [3]. Mais ces théories ne sont venues qu'après coup pour justifier doctrina-

[1] Hobbes, *Leviathan*, cap. XVII; *De cive*, cap. VIII; Bossuet, 5ᵉ Avertissement aux protestants, § 55.

[2] *De jure belli ac pacis*, lib. I, cap. III.

[3] *Contrat social*, liv. I, chap. VI.

lement les unes un fait, la dernière un système préconçu. Le contrat unilatéral ou synallagmatique qu'elles supposent ne fut jamais passé, au moins unanimement et dans des conditions à le rendre obligatoire. Fût-il réel, il n'engagerait pas les obligés, nul ne pouvant aliéner son droit, c'est-à-dire abdiquer son devoir en vue d'un bien quel qu'il soit. Et s'il était réel et obligatoire, il faudrait qu'il fût incessamment renouvelé, comme se renouvellent dans la société les individus qui la composent.

Platon a émis quelque part, nous ne savons plus où, cette pensée d'une vérité si profonde : « Pour être légitime, la souveraineté suppose un souverain qui soit supérieur à ses sujets, non-seulement comme le pasteur l'est à son troupeau, mais supérieur d'une façon toute divine [1]. » Judicieuse parole, qui montre

[1] Du sublime au ridicule, etc. Caligula s'est presque rencontré avec Platon. On sait que ce César eut le projet de faire placer sa statue dans le temple de Jérusalem. Les Juifs lui envoyèrent une ambassade pour l'en dissuader. Le philosophe Philon, qui était de la députation, s'exprime ainsi sur Caligula : « Il était persuadé que de même que les pasteurs de toute espèce de troupeaux, bouviers, chevriers, bergers ne sont eux-mêmes ni des bœufs, ni des boucs, ni des béliers, mais des hommes qui l'emportent en toutes choses sur ces êtres, ainsi le chef du troupeau humain doit être estimé au-dessus de l'homme et placé au rang des dieux. Dès qu'il se fut épris de cette pensée, il s'appliqua follement à faire de cet écart d'imagination une vérité. » *Philonis opera,* Paris, 1690. *De legatione ad Caïum,* p. 1002 E.

l'inanité de la doctrine des pactes. Le pouvoir souverain, si on l'admet, ne peut être en effet qu'une délégation de la divinité. Platon dans l'antiquité, Grégoire VII, Boniface VIII et Innocent III dans l'Église, Domat et De Maistre dans la philosophie, ont mieux connu la souveraineté que Grotius et Bossuet.

Ainsi la souveraineté, dont le principe est dans toutes les constitutions, est absolument injustifiable rationnellement; elle est un dogme politique devant lequel la raison doit s'humilier, ou elle n'est rien; elle ne peut pas être l'infaillibilité, puisque l'infaillibilité n'est pas de ce monde, hormis dans les pouvoirs religieux qui la réclament chacun pour soi, ou bien elle est l'infaillibilité fictive, c'est-à-dire toujours un dogme; elle domine le droit, selon l'expression de Bossuet, ou bien le droit l'anéantit; elle doit pouvoir faire le mal impunément, et nul ne peut dire au souverain, sans ruiner radicalement son pouvoir : Vous avez erré.

Dira-t-on qu'elle a sa raison d'être dans la nécessité; qu'il faut au sommet de la société une autorité insurmontable qui maintienne l'ordre, la justice, au risque de se tromper quelquefois et de faire le mal accidentellement? Je le devine et le comprends, quoique je ne l'accorde pas. Mais tout ce que l'on aura prouvé ainsi, c'est la thèse même que nous soutenons, deux règles opposées, deux vérités marchant en sens contraire, le surnaturel sous l'aspect de la nécessité en lutte avec la raison (car il faut voir le surnaturel dans tout ce qui la dépasse et encore plus dans ce qui la contredit), et comme conséquence inévitable le heurt de ces deux principes éclatant dans le monde des faits par des conflits, des discordes civiles et des révolutions.

Avec le droit individuel, nulle souveraineté n'est compatible, et avec la souveraineté le droit individuel disparaît, laissant après soi, il est vrai, si l'on veut, la tolérance. — Si la souveraineté est le pouvoir de faire la loi, il faut ajouter qu'elle comprend le pouvoir de la faire même mauvaise ; et si l'on renferme le pouvoir du souverain dans les limites du droit, qu'il appartiendra à la raison seule d'apprécier, il n'y a plus de souveraineté. Je me refuserai toujours à voir un souverain dans celui qui ne peut agir qu'à la condition commune d'avoir raison.

Si nous nous faisons bien comprendre, on verra que l'antinomie juridique ne disparaît pas pour ceux qui vont jusqu'à la souveraineté du peuple, à moins qu'ils ne placent avec Vico et Lamennais le *criterium* de la vérité dans le sens général, auquel cas le peuple a non plus la souveraineté, mais l'infaillibilité [1],

[1] Nous avons déjà mis en regard quelques lignes plus haut la souverai-

ou bien qu'adoptant l'hypothèse de Rousseau ils ne fassent de la société le résultat d'un contrat libre où chacun abdique sa volonté, pour former une monstrueuse volonté générale, illimitée et toute puissante, sans responsabilité ni contrepoids. En dehors de ces deux doctrines, je ne puis plus concevoir qu'une souveraineté du peuple de droit divin, existant par elle-même et ne se justifiant pas. Mais le *criterium* du sens général est insoutenable de tout point [1] ; le contrat social est une hypothèse, une pure fiction, moins que cela une inutilité, une superfétation, destinée à déguiser le caractère inévitablement dogmatique de la souveraineté du peuple. Et fût-il une réalité, on ne saurait le reconnaître comme un acte légitime en soi.

Nous sommes ainsi amené à reprendre cette proposition déjà énoncée, que l'idée de souveraineté une ois admise réellement ou hypothétiquement, nul e puissance humaine ayant des prétentions à la souveraineté ne peut emprunter son pouvoir qu'à Dieu ; que c'est au dogme religieux que remonte la souve-

neté et l'infaillibilité. Un pouvoir infaillible agirait toujours justement; un pouvoir souverain au contraire peut faillir ; mais il doit pouvoir faillir impunément. La doctrine de Vico fait le peuple infaillible ; celle de Rousseau le fait souverain.

[1] V. nos *Principes du Droit*, p. 183 et suiv. V. aussi aux pages 230 et suivantes l'appréciation du Contrat social de Rousseau, sur lequel nous reviendrons.

raineté; que là le principe d'autorité gît tout entier; qu'on ne saurait le concevoir ailleurs comme principe inné; que c'est du dogme qu'il faudra toujours le dériver quand on voudra l'invoquer dans le domaine des choses humaines; car si l'on voulait séparer les dogmes gouvernementaux des dogmes religieux, on aurait alors la force brutale, l'autorité sans titre, le despotisme pur, la nécessité matérielle et aveugle, quelque chose de monstrueux comme la puissance d'Attila et de Bajazet.

Les publicistes de l'absolutisme les plus sensés sont donc ceux qui, comme De Maistre, fondant la souveraineté sur la nécessité pour l'homme d'être gouverné, concluent de cette nécessité de la nature humaine à l'existence des gouvernements par la grâce de Dieu, et voient la marque de la grâce de Dieu dans l'existence prolongée du gouvernement, quelle qu'en soit d'ailleurs la forme monarchique, aristocratique ou même populaire. « L'homme, dit De Maistre, en sa qualité d'être à la fois moral et corrompu, juste dans son intelligence et pervers dans sa volonté, doit nécessairement être gouverné; autrement il serait à la fois sociable et insociable, et la société serait à la fois nécessaire et impossible... Étant nécessairement associé et nécessairement gouverné, sa volonté n'est pour rien dans l'établissement des gouvernements. Dès que les peuples n'ont pas le choix, et que la souveraineté résulte directement de la nature humaine, les souverains n'existent plus par la grâce des peuples... Il faut partir d'un principe général et incontestable, savoir que tout gouvernement est bon lorsqu'il est établi et qu'il subsiste depuis longtemps sans contestation[1]. » Telle est la vraie théorie de l'absolutisme. Mais, comme dans une telle doctrine le droit individuel n'est plus et que le droit individuel ne peut pas ne pas être, nous voyons renaître l'éternelle opposition de l'autorité et du droit.

Voilà, si nous ne nous trompons, en politique, la même contradiction, mais plus saillante, que nous avons signalée dans l'ordre moral. Qu'il s'agisse de faits moralement obligatoires ou de choses effectivement exigibles; que l'on débatte la question du devoir ou le principe du droit; que l'on discute sur l'autorité de la conscience ou sur celle des gouvernements, toujours l'opposition du surnaturel et de la raison, de l'autorité et de la liberté, se produit comme le redoutable problème devant lequel l'intelligence humaine abdique et finit. Au nom de la logique, l'autorité dont nul en fait ne repousse complètement le principe, réclame l'empire tout entier, sans réserve,

[1] Du Pape, liv. II, chap. I et IX.

et non moins logiquement la raison le réclame aussi. La question met les raisonneurs en défaut, parce qu'elle est au fond de l'âme, et elle défie la science humaine, parce que le succès le plus complet dans l'un ou l'autre sens ne saurait assurer le repos du vainqueur. Croit-on que les absolutistes triomphants jouiraient en paix avec eux-mêmes du fruit de leur victoire, et que le rationalisme victorieux supporterait longtemps son indigence? La lutte est dans la pensée et dans la vie commune. Question urgente, répéterons-nous, dès qu'elle est posée! Certes, nous ne voulons pas ramener toutes les difficultés de notre situation morale à une cause unique. Il faudrait pour cela forcer les faits, et l'on n'aboutirait qu'à une erreur. Qui ne sera frappé cependant de cet état nouveau, ou au moins senti pour la première fois? La guerre n'est pas nouvelle dans le monde; mais ce qu'on n'avait jamais vu, c'est une nation en possession d'elle-même, en pleine vitalité, s'emporter à des extrémités contraires, et dans le cours de la vie d'un seul homme épuiser en révolutions radicales le cycle complet de l'histoire ordinaire d'un peuple. Nous avons donné ce spectacle. Les républiques grecques dans l'antiquité s'agitèrent avant de périr, comme le mourant dans des convulsions de l'agonie; l'empire romain finit par la gangrène. Mais l'histoire ne nous montre pas ces États dans leur période de force et de maturité passer sans cause appréciable d'un régime au régime opposé, combattre sans ennemis, démentir aujourd'hui le mouvement de la veille, perpétuer un simulacre de guerre de classes après la destruction des classes, subir au gouvernement et acclamer tour à tour les formes les plus diverses, se mouvoir sur eux-mêmes, en un mot donner le spectacle d'un peuple très-vivant tiraillé en deux sens contraires.

Des publicistes ont expliqué l'inconsistance des gouvernements en France depuis quatre-vingts ans par l'absence d'institutions, les vieilles institutions ayant péri dans le grand naufrage de la monarchie. — Je pense ainsi. Nous n'avons plus ces faisceaux d'intérêts communs, avec leur vie propre et leurs magistratures indépendantes, où l'autorité acquérait une force durable en se divisant. La commune même, ce premier élément de l'État, a cessé d'exister. Une centralité absorbante, un pouvoir sans contrepoids au sommet, des administrés sans garanties à la base, voilà l'État! Faute d'agrégations secondaires qui opposent des résistances prolongées aux entraînements de l'esprit public, et qui soient comme autant de mailles qu'il faut rompre, toute entreprise bien dirigée vers le cœur est mortelle. Dans un tel état on en finit d'un coup. Une révolution se fait entre deux soleils. Mais aussi il n'est pas permis de s'en tenir à cette explication, et notre étrange état social en requiert une autre plus générale. Les agrégations se sont dissoutes! Les institutions ont péri! Qui les a fait périr, ou pourquoi ne se sont-elles pas reformées? On ne peut remonter aux causes sans rencontrer la grande question qui fait l'objet de ce travail. L'absence de règle, l'incertitude des esprits, traîne avec soi le trouble dans l'État. Si l'autorité et la raison ne se concilient pas dans la pensée, l'ordre et la liberté, qui sont la même question sous un autre aspect, un cas particulier d'une difficulté générale, ne se concilieront pas mieux dans les faits.

Dira-t-on que la lutte est ancienne, et que c'est après tout une manifestation, vieille comme le monde, de cette loi mystérieuse et terrible qui arme les hommes contre eux-mêmes? Nous savons que la paix intérieure de l'âme et la concorde ne sont pas des biens d'ici-bas. Mais nous savons aussi que les questions que l'homme agite en lui-même ou débat avec ses semblables se résolvent ou s'ajournent, et que, faute de solution quand elles ne s'ajournent pas, leur principe de guerre devient un principe de mort. Or, voilà plus de trois cents ans que celle-ci est née; à chaque période la lutte est plus vive; tout mouvement politique semble avoir pour résultat de resserrer la difficulté et d'en dégager les termes. L'autorité perdu successivement toutes ses places de sûreté et cependant tient bon. Les combattants s'étreignent. Les coups se précipitent. Loin de s'affaiblir par le combat, chaque parti semble y puiser une vigueur nouvelle. Il faut donc aviser, car la question ne disparaîtra pas. De la région des idées, elle est descendue dans la rue. L'accélération des mouvements oscillatoires dans l'ordre politique nous avertit qu'elle est urgente. S'il était besoin de démonstrations d'un autre ordre, nous en emprunterions une décisive au caractère que les controverses religieuses ont pris depuis un demi-siècle. Aussi longtemps que l'autorité n'a eu affaire qu'à la liberté vaguement sentie, non définie, elle se défendait par les textes. Les apologies catholiques au XVIe siècle et même dans Bossuet étaient toutes philologiques et historiques. Les apologistes se font maintenant philosophes, et l'on peut bien penser qu'ils n'ont pas choisi leur rôle. C'est qu'ils n'ont plus à défendre tel ou tel point du dogme, mais son principe même menacé par l'esprit de liberté. A l'exemple de Pascal, qui par là devançait son temps, et dont le prodigieux génie semble avoir eu comme le pressentiment des luttes morales de notre époque, ils justifient le christianisme par sa convenance avec la nature de l'homme. Grave nécessité qui révèle le caractère longtemps caché de la difficulté et en même temps en fait apparaître la maturité ! Elle nous presse en effet, cette difficulté redoutable ; elle nous obsède ; elle est instante, elle s'agite sous la dernière forme qu'il lui soit possible de revêtir. Voyons maintenant ce qui serait requis pour la résoudre.

CHAPITRE V

DU PRINCIPE D'AUTORITÉ PURE.

Que la question de l'autorité et de la liberté est susceptible de trois solutions. — Du caractère de l'autorité théocratique. — Du droit politique catholique. — De la souveraineté pontificale et des souverainetés temporelles. — Du souverain pontife et de l'Église gallicane. — Du droit catholique. — Réfutation du système théocratique.

Nous avons assez discouru sur l'opposition de l'autorité et de la liberté pour attendre du lecteur qu'il comprenne ou devine la grande difficulté que cette opposition fait naître, et les difficultés secondaires qui en découlent inévitablement. Dans l'ordre politique, l'autorité c'est l'irresponsabilité du dépositaire du pouvoir, monarque ou multitude, d'où le commandement émane. La liberté, au contraire, c'est l'indépendance individuelle à l'égard de toute règle qui échappe par sa nature au jugement de la raison. Le principe de liberté constitue l'individu législateur et juge en ce sens qu'il soumet à la raison particulière le contrôle de la loi; et il reconnaît à l'individu, comme garantie et sanction de son autocratie, la faculté, l'autorisation de résister à toute exigence que la raison juge contraire au droit, cette exigence s'appuyât-elle sur des motifs empruntés à l'ordre surnaturel ou même à la nécessité.

Pour peu que l'on veuille y songer, on reconnaîtra, comme nous l'avons dit, que toute souveraineté qui veut être autre chose que la force brutale doit s'appuyer sur l'idée religieuse. Nul individu ou collection d'individus n'a l'autorité en soi, la souveraineté infuse. Un contrat politique, en admettant qu'il soit réel et qu'il pût être obligatoire, ne lierait que ceux qui y auraient souscrit; car la solidarité des générations ne saurait être qu'un dogme, non un principe de raison. Destitué d'un titre divin, le pouvoir humain n'est plus que despotisme pur et usurpation. Ajoutez qu'il ne saurait se rattacher directement, sans intermédiaire à l'autorité divine s'il prétend à être absolu, et que le souverain, pour se présenter comme délégué, agent de cette autorité, doit se soumettre à la suprématie d'une église par laquelle il faut supposer que Dieu parle, à moins qu'il ne s'en fasse le chef comme à Saint-Pétersbourg ou à Londres. Il lui faut donc opter : ou puiser les prérogatives de sa souveraineté à la source même d'où toute souveraineté découle, se faire pour cela le pouvoir agissant d'une autorité divine qu'il personnifie ou dont il dépend, soumettre son autorité au pouvoir visible qui tient le dépôt de toute autorité, ou bien abdiquer toute prétention au commandement, et renoncer à exercer dans les affaires humaines d'autre action que celle qui se légitime humainement, qui se discute et que l'on contredit au tribunal de la raison.

Telle est la condition nécessaire où l'autorité peut s'exercer, si l'on admet que l'autorité puisse jamais être légitime. Ce n'est pas une doctrine particulière à tel ou tel système religieux que nous exposons ici, c'est la doctrine même de l'autorité, partout où on la placera. Si le souverain du Thibet prétend à l'exercice d'une autorité dominant le droit, il ne doit pas la chercher en lui-même ; logiquement, il ne peut la tenir que de l'autorité supposée divine dont le grand Lama est la personnification et l'interprète.

Ces idées, que nous supposons démontrées, nous serviront pour dégager les éléments de la solution de la difficulté que nous traitons. Il est manifeste que la question de l'autorité se résout dans celle du gouvernement temporel de la Providence, et que la question de la liberté se réduit à celle du critérium de la certitude. Mais on peut supposer un partage. Entre l'autorité humaine qui s'appuie sur l'autorité divine, représentée dans une église, et la liberté fondée sur la raison, il y a un moyen terme imaginable, dont il serait d'autant moins permis de ne pas tenir compte qu'il est le principe de la constitution politique de la plupart des États modernes. A distance égale de l'autorité sans limites et de la liberté sans contrôle, nous voyons une souveraineté limitée par le droit individuel, qu'à la vérité on ne définit pas toujours, défendue dans les livres des théoriciens du droit public moderne. Celle-ci existera-t-elle indépendante de tout principe religieux? La raison dit non. Elle ne peut se rattacher évidemment qu'à la doctrine de la religion individuelle; mais elle s'y rattache nécessairement. Incomplète au regard des églises, qui ne sauraient admettre logiquement que la Providence parlant par une Église doive s'arrêter à mi-chemin de la vérité; hors de la doctrine du sens individuel, qui ne permet pas que si l'on introduit, pour si peu que ce soit, le surnaturel dans la loi humaine, ce puisse être au nom de la raison, la souveraineté limitée correspond au déisme, comme l'autorité pleine correspond aux religions positives et la liberté à la raison particulière. Elle participe des deux systèmes, admettant avec l'une des dogmes politiques, avec l'autre des libertés naturelles. De là trois doctrines qu'il faut examiner successivement : 1° l'autorité constituée dans un pouvoir politique nécessairement théocratique, puisant sa force dans les dogmes d'une religion positive, et supprimant les prérogatives personnelles de la liberté ; 2° l'autorité limitée dans ses effets, s'appuyant sur des vérités de la religion naturelle cataloguées et définies ; 3° la liberté prévalant seule, écartant tous dogmes politiques et civils, appuyée sur la raison, constituant l'individu souverain de lui-même, indépendante au regard de toute autorité temporelle. C'est à choisir entre ces trois systèmes, avec une pleine connaissance des conséquences que chacun d'eux entraîne, que peut consister la solution.

Pour connaître le principe d'autorité dans toute sa puissance, il faut le voir en œuvre dans une constitution politique ouvertement théocratique, et pour cela prendre un type, comme le gouvernement idéal de l'Europe catholique tel que les papes, depuis Grégoire VII, auraient voulu qu'il existât. Le corps du droit canonique renferme une constitution complète du pouvoir appuyé sur le principe d'autorité. Jusqu'alors rien de pareil ne s'était imaginé. Dans l'antiquité, à l'âge poétique du monde, où le droit est divin, les lois secrètes c'est-à-dire sacrées, où les actes civils s'accomplissent selon les rites religieux [1],

[1] V. à ce sujet l'étude sur Vico dans nos *Essais de littérature du Droi*

les jurisconsultes, ceux qui font parler la loi, étaient de l'ordre du sacerdoce, comme les mages en Perse, les prêtres en Égypte, les druides dans les Gaules, et à Rome le collége des pontifes qui se recrutait parmi les patriciens. A cette époque primitive, la constitution politique des peuples est non pas seulement théocratique, mais sacerdotale, c'est-à-dire que le caractère du magistrat à tous les degrés se confond avec celui du prêtre [1]. La doctrine politique des décrétales, au contraire, a constitué pour la première fois avec une surprenante rigueur logique, le véritable régime théocratique, qui laissant distincts les caractères du prêtre et du magistrat, appuie l'autorité humaine de celui-ci sur le caractère sacré de celui-là. C'est avec cette doctrine que nous devons compter. Par sa coordination savante, par l'élévation et la force du principe d'où on la fait découler, elle commandera toujours le respect. D'ailleurs, le catholicisme est la religion de notre pays et de notre temps. Force est donc de sarrêter à sa politique. Ajoutons qu'en pro-

[1] Les premiers rois de Rome étaient les grands prêtres de la Cité. Après la révolution qui chassa les Tarquins, le sénat créa un roi des sacrifices (*sacrificus rex*), comme Tite-Live nous l'apprend. On conserva le nom de peur que le peuple n'en vînt à regretter la chose. *Quia quædam publica sacra per ipsos reges factitata erant, necubi regis desiderium esset, regem sacrificulum creant.* (*Hist.* lib. II). Et en même temps, pour que l'honneur du nom n'inspirât pas au roi des sacrifices la pensée d'attenter à la liberté, on soumit son sacerdoce au pontife (*Ibid*).

nonçant sur le droit politique des décrétales, nous aurons à plus forte raison prononcé sur toutes les théocraties connues, dans la jeune Europe comme dans la vieille Asie.

Le premier principe du droit politique catholique, c'est que rien n'arrivant et ne durant sans la volonté de Dieu, tout ce qui dure sans contestation a pour soi un titre dans le passé et une présomption de légitimité dans l'avenir. Nous disons une présomption de légitimité dans l'avenir et non un titre, parce que un changement durable déplaçant le droit, si le pouvoir déplacé avait un titre de légitimité indélébile, il y aurait ainsi deux droits qui se détruiraient. Mais le pouvoir existant sans contestation, n'a pas pour cela la souveraineté véritable : il est accepté seulement comme un fait aussi longtemps qu'il reste isolé. Pour qu'il ait le caractère d'une autorité divine et les attributs de la souveraineté, qui sont de faire fléchir le droit individuel et de promulguer des dogmes juridiques, il doit se rattacher à l'Église, en reconnaître la suprématie, en être accepté ; car si un pouvoir temporel peut être divin, le pouvoir spirituel étant divin au degré le plus éminent, infaillible de droit et de fait, le domine, et c'est à l'Église, en qui le pouvoir spirituel est incorporé, qu'il appartient de consacrer ce pouvoir humain que le temps a établi.

Voilà l'autorité spirituelle de l'Église placée au-dessus de l'autorité temporelle, lui communiquant la légitimité et par cela même pouvant la lui retirer. Mais l'Église est-elle une monarchie divine ou une aristocratie dans le sens étymologique du mot? L'infaillibilité appartient-elle à son chef ou ne réside-t-elle que dans les conciles? C'est la question de l'ultramontanisme et du gallicanisme. On peut la discuter encore théoriquement, quoique ce soit le principe monarchique qui l'emporte en fait, et que le concile de Trente, selon toute vraisemblance, doive demeurer le dernier que le monde aura vu. Mais en ce qui concerne la suprématie du pouvoir spirituel sur le pouvoir temporel, la controverse des ultramontains et des gallicans est évidemment sans objet; car si l'on a contesté, parmi les catholiques, l'infaillibilité pontificale, ce n'est qu'à l'égard des décisions dogmatiques, et il est clair que la suprématie spirituelle sur les pouvoirs temporels étant admise, c'est logiquement au chef visible de l'Église, toujours existant, veillant et agissant, qu'elle appartient, même dans la doctrine qui subordonne l'autorité du souverain pontife à celle de l'Église tout entière, à l'égard des matières de la foi.

La doctrine de cette suzeraineté spirituelle des papes traîne avec soi des conséquences qui ont été toutes déduites, quelques-unes bien dépassées dans les livres du droit canonique, dans les actes des conciles et dans les bullaires. Ainsi le quatrième concile de Latran (an 1215) a décrété que les constitutions des princes ne peuvent préjudicier à l'Église ; que les ecclésiastiques sont exempts de tous tributs ; que même les tributs dus au prince ne peuvent être levés qu'après la dîme [1]. Nous trouvons, dans les constitutions recueillies dans le Décret de Gratien, que la règle dominante est celle de l'Église ; que le souverain pontife, juge universel, ne relève d'aucune juridiction humaine ; que l'empereur même lui est soumis; qu'il peut dispenser du serment de fidélité [2]. Il est écrit dans les Décrétales de Grégoire IX, dans le Sexte de Boniface, dans les Clémentines et les Extravagantes que

[1] *Concilium lateranense*, IV, cap. XLIV, XLVI, XLVIII, et LIV. En rappelant ces maximes et les suivantes, nous protestons contre toute interprétation malveillante. Des maximes excessives sans doute et auxquelles on ne peut reprocher que d'être d'une logique extrême, se trouvent dans le *Corps du Droit canonique* et dans les actes des conciles au milieu de règles de la plus haute sagesse et d'une élévation morale vraiment imposante. On ne peut étudier la législation canonique du moyen âge en même temps que la législation laïque, sans être frappé de la supériorité de celle-là sur celle-ci, et de la grandeur de l'autorité qui éleva pierre à pierre un tel monument.

[2] *Can.* I, *Dist.* X; *Dist.* XX, cap. I, § *Pontifex;* V. aussi les *Acta conciliorum*, de Labbe, t. X, p. 383. Serment de fidélité! Cela rappelle l'organisation féodale, où à chaque degré hiérarchique de la pyramide, de la base au soumet, le vassal était lié au suzerain par un lien de foi et hommage garanti par le serment.

l'élection de l'empereur est ratifiée ou rejetée par le pape; qu'il peut destituer l'empereur *a loco et magistratu* ; que les ecclésiastiques sont exempts de toutes charges publiques et de toute juridiction laïque, etc. [1]. Et toutes ces décisions sont logiquement déduites du principe de l'infaillibilité du chef de l'Église; car si la grâce divine le préserve d'erreur comme chef, ce qu'il faut supposer, et si le pouvoir de lier et de délier qu'il tient de son institution spirituelle s'étend à tous les actes humains, il est manifeste que les actes des rois et des princes rentrent en dernier ressort dans la juridiction pontificale, et que le prêtre a de droit divin, à tous les degrés, les immunités que les constitutions ecclésiastiques ont revendiquées pour lui.

Ces maximes affirmées, répétées, défendues, n'ont cependant jamais formé, même au moyen âge, un droit public incontesté, et l'Église de France particulièrement en a toujours repoussé le fondement. Dans la fameuse déclaration du clergé de France de 1682, on lit : « Que saint Pierre et ses successeurs, vicaires de Jésus-Christ, et que toute l'Église même n'ont reçu de puissance de Dieu que sur les choses spirituelles

[1] *Tit. De const. apud Greg.; c. proposuit de concess. praeb. c. novit de jud.; c. illud dominus, de major. et obed; c. ad abolendam, de hæret.; c. licet cod. tit. et c. quanto, de transl.; c. nullus, de foro comp.; c.* I, *extravag. de consuet.; Clem. Pastoralis, de rejud. et c.* II *id.; c. venerabilem, de elect.*, etc.

et qui concernent le salut, et non point sur les choses temporelles et civiles, Jésus-Christ nous apprenant lui-même « que son royaume n'est pas de ce monde, » et en un autre endroit : « qu'il faut rendre à César ce qui est à César et à Dieu ce qui est à Dieu, » et qu'ainsi ce précepte de l'apôtre saint Paul ne peut en rien être altéré ou ébranlé : « Que toute personne soit soumise aux puissances supérieures, car il n'y a pas de puissance qui ne vienne de Dieu, et c'est lui qui ordonne celles qui sont sur la terre : celui donc qui s'oppose aux puissances résiste à l'ordre de Dieu. » — Mais cette déclaration du clergé de France part d'un fait inexact et au moins théologiquement impossible, nous voulons dire la séparation des choses spirituelles et temporelles. Quelle sera la délimitation de leur domaine? Qui pourrait dire où l'autorité spirituelle commence et finit? Tous les actes humains ne relèvent-ils pas de la juridiction spirituelle au tribunal de la pénitence? Si l'autorité spirituelle ne s'étend pas à tous les actes privés ou publics, elle ne s'applique à aucun.

On observera que nous ne défendons pas la doctrine ultramontaine en tant que juste et bonne, mais seulement en tant que logique. La déposition d'un prince n'est pas plus en dehors de la puissance spirituelle du chef de l'Église que l'excommunication d'un hérétique. S'il peut prononcer un interdit, remettre une peine, relever d'un vœu, décréter une croisade, et vraisemblablement dispenser les sujets païens de l'obligation de défendre leur chef, il peut à un titre égal, disons mieux, identique, dispenser de l'obéissance les sujets d'un prince qu'il juge ennemi de la foi.

Opposera-t-on qu'une telle puissance est contraire au commandement de Jésus-Christ? Mais qui le dit? des évêques? Le souverain pontife n'a-t-il pas sur eux une primauté reconnue? L'Église? N'en est-il pas la personnification toujours présente, même pour les matières dogmatiques, au dire des ultramontains, et pour les applications de fait selon le sentiment de tous? Si l'on se prévaut de la clarté des textes, je répondrai que l'hérésie protestante n'est rien autre chose que l'interprétation par la raison des textes sacrés réputés clairs, et si l'on oppose la raison, je répondrai que catholiquement elle doit s'abaisser devant la foi.

La doctrine de la déclaration de 1682, en affranchissant les princes temporels de la suprématie de l'Église et de son chef, ruine d'ailleurs le seul fondement réel ou fictif de la puissance royale et de la souveraineté. Si la souveraineté humaine n'est pas théocratique, elle n'a plus de titre pour exiger le respect. Et ainsi, la doctrine gallicane ne peut poser une limite, inévitablement arbitraire, à la juridiction spirituelle du chef de l'Église, sans attenter du même coup à la souveraineté temporelle qu'elle entend protéger.

La souveraineté temporelle ainsi soumise à la suprématie de l'Église, pour prix de sa soumission reçoit du caractère que sa vassalité de l'autorité spirituelle lui donne, la puissance de promulguer des dogmes politiques et civils. Si la souveraineté est déposée dans un gouvernement de forme monarchique, la constitution, coutumière ou écrite, devra reconnaître au monarque une infaillibilité fictive, autrement dit le privilége de pouvoir se tromper impunément. — Le pouvoir royal sera héréditaire ; car c'est un dogme gouvernemental facile à justifier dans cet ordre d'idées, que les générations sont solidaires, et que les engagements consentis originairement obligent les générations qui suivent. — La monarchie aura pour support une aristocratie privilégiée en droits et largement pourvue de dotations et de pensions pour le plus grand éclat du trône. — Le droit d'aînesse et les substitutions assureront la perpétuité des familles. — Les successions par la vocation de la loi seront les seules légitimes. — Le mariage religieux régira seul la condition des époux, et le divorce sera proscrit. — La bâtardise imprimera une tache indélébile au front des déshérités. — L'hérésie sera poursuivie comme un crime. — Les devoirs de conscience pourront être rendus légalement obligatoires lorsqu'au jugement de l'autorité ils seront reconnus utiles au bien de l'État; car le droit individuel au nom de quoi l'on pourrait réclamer n'est pas reconnu dans ce système. — Le droit de punir se trouvera être la vengeance, et la peine une satisfaction donnée à la justice absolue. — L'inégalité trônera ainsi dans la société et dans la famille, tandis qu'en dehors de toute agrégation, le prêtre indépendant et libre, au-dessus sinon de la loi, au moins de la juridiction humaine, demeurera le gardien de la souveraineté temporelle, au degré qui lui sera assigné dans la hiérarchie de l'Église...

Un tel système se réfute par ses conséquences. La question de l'autorité et du droit ne comporte qu'une des trois solutions suivantes : ou le principe d'autorité prévaudra ; ou il sera partagé ; ou le principe de la liberté sera la règle. Or la première solution, qui ne trouverait plus aujourd'hui de défenseurs même à Rome, est condamnée étant impossible ; car l'impossibilité de fait et la nécessité sont au plus haut degré la manifestation d'une volonté supérieure, qui pour ne pas rendre raison de ses déterminations quand elle pose aux pouvoirs humains ou à l'homme des bornes, ne parle pas moins le plus intelligible langage. C'est Dieu qui agit pour la conservation de l'ordre éternel en plaçant devant la volonté humaine telle barrière qu'elle ne franchira pas.

N'y aurait-il de légitime en politique que ce système, qu'on ne pût jamais accepter même au temps où l'homme se prosternait sans réserve sous le commandement d'une autorité indiscutable? La limite du possible n'est-elle pas au contraire celle du vrai? Nous n'invoquerons pas la raison dont on récuserait le principe en cette matière, pour combattre bien inutilement aujourd'hui les excès logiques de la politique théocratique, vain fantôme que le souffle de l'esprit de liberté a depuis longtemps dissipé. Nous n'opposerons pas des textes à des textes, l'Église personnifiée dans son chef ayant seule le droit de les faire parler; mais nous opposerons les faits. Or, quand on voit notre histoire pleine des luttes qu'eurent à soutenir les rois de France pour résister au courant qui aurait fini par les déposséder de leurs prérogatives après avoir dépouillé les particuliers de leurs droits; quand on les voit, disons-nous, résister, au risque d'ébranler le principe de leur propre souveraineté, il faut bien reconnaître dans ce fait une nécessité au-dessus de tout raisonnement comme de tout enseignement, une force des choses qu'il y aurait aujourd'hui folie à méconnaître, comme il y aurait orgueil et impiété à la combattre.

Une telle conclusion est grave néanmoins, nous le reconnaîtrons, non pour elle-même, mais pour le principe qu'elle compromet. La constitution de l'autorité catholique est forte surtout par l'enchaînement des vérités sur lesquelles elle repose. Quand une doctrine est telle que chacune des parties existe comme condition du tout, quand toutes se coordonnent, bien plus se supposent respectivement, cette doctrine a le plus haut degré de probabilité désirable; car l'inconséquence est la peine la plus prochaine de l'erreur, comme la conséquence est la plus certaine marque de la sagesse et de la vérité. Or ne faut-il pas craindre que le principe de la constitution catholique ne se trouve ébranlé en lui-même, dès qu'on reconnaît impraticables ses conséquences forcées, nécessaires? Il ne serait pas loisible à l'Église de se désister maintenant des prétentions qu'elle écrivit jadis. Elle le ferait inutilement; elles sont dans son institution, à moins qu'elle ne renonçât à la divinité de son institution en tant que législatrice et juge. Tout ce que sa doctrine contenait ou supposait au moyen âge, elle le contient ou le suppose encore aujourd'hui. Si l'erreur a été une seule fois possible, c'en est fait de l'autorité politique et morale du pouvoir qui prétend avoir d'institution divine le dépôt de la vérité. Et cette autorité est au moins compromise si elle éclate en exigences conséquentes insoutenables, en prétentions logiques impossibles, si elle révolte dans ses déductions inattaquables le sens commun pratique des populations.

On ne saurait oublier que, à la différence des pouvoirs temporels qui ne peuvent prétendre qu'à la souveraineté, au privilége de se tromper impunément, l'Église doit justifier d'une infaillibilité réelle pour exiger la soumission des âmes. De Maistre, qui ne revendique pour elle que le privilége de la souveraineté, est trop modeste dans ses prétentions [1]. Si L'Église n'est pas infaillible de fait, la soumission n'est plus affaire de foi, mais seulement de discipline et de prudence. Or, ce qu'un pouvoir réellement infaillible a dit une fois, il est condamné à le répéter toujours.

Il resterait bien qu'on songeât comme dernière ressource à un arrangement. Mais on ne transige que sur ce que l'on a, non sur la vérité, qui n'appartient à personne, encore moins sur la portion de vérité qui demeure placée au-dessus des facultés de la raison. Le principe d'autorité est théocratique parce que de sa nature il est divin, religieux, ou n'est rien. Ébranlé sur un point il périt tout entier. — Il faut donc conclure de l'impossibilité du régime théocra-

[1] Du Pape, liv. I, ch. I.

tique à son illégitimité. Mais avant de conclure de l'illégitimité du système politique à celle de l'organisation religieuse dont il est une pièce, il convient prudemment d'épuiser l'examen des systèmes opposés. — Peut-être même alors trouverons-nous sage de réserver la conclusion.

CHAPITRE VI

DU PRINCIPE D'AUTORITÉ LIMITÉE.

Que l'idée de la souveraineté limitée date de la Réforme. — Du caractère dogmatique de la souveraineté monarchique. — De l'hérédité monarchique.— De la noblesse ; qu'elle est un support nécessaire de la monarchie. — Que le système de l'autorité limitée se rattache à celui de la religion naturelle. — Jugement.

Si l'on renonce au principe pur d'autorité, principe sacerdotal ou au moins théocratique de sa nature, si l'on descend d'un degré, on rencontre le principe d'autorité restreint, la souveraineté limitée. Cette souveraineté c'est à quoi se réduit la prérogative des souverains de la plus grande partie de l'Europe actuelle ; car il n'en reste guère qui prétendent à l'autocratie. Soit que les constitutions reconnaissent aux sujets des droits énumérés et décrits, soit que, muettes sur la déclaration des droits, elles aient organisé dans le pouvoir même des limites, des garanties, une représentation sincère ou décevante des intérêts des particuliers, mais supposée propre à contenir la volonté du souverain, dans les deux cas la souveraineté a des bornes au moins théoriquement, une existence à elle, différente de celle des magistratures constituées par la volonté toujours révocable du peuple dans le système républicain; elle peut agir sans avoir à rendre compte de ses actes, errer impunément, à la condition toutefois de ne pas excéder les limites idéales ou précises posées par son titre historique ou constitutionnel à la liberté de son action.

Cette idée de la souveraineté est moderne; elle est née de la Réforme; l'antiquité ne l'a pas connue. Périclès, Sylla, Marius, César, Brutus, disputaient pour le pouvoir ou contre la tyrannie sans paraître soupçonner l'existence d'un pouvoir de droit, légitime dans telle mesure, illégitime au delà. Platon, Aristote, Cicéron, qui ont connu aussi bien que nous les conditions d'existence et de durée des États, et les ont placées dans la pondération du pouvoir, réalisée de nos jours sous la forme des gouvernements représentatifs, n'imaginaient pas le droit des particuliers partagé avec la souveraineté innée ou contractuelle des gouvernements. Les compétitions pour le pouvoir n'engageaient alors que des questions de bien-être ou d'ambition à satisfaire; elles ne soulevaient pas de problèmes philosophiques désintéressés. C'est la Réforme, qui déliant les sujets de l'obéissance théologique, détendant en même temps les liens sociaux, obligeant les gouvernements à un effort général pour resserrer ces liens, plaça les gouvernés et les gouvernants en face, les amena ainsi à produire respectivement leurs titres, suscita les controverses d'où se dégagèrent le principe de la souveraineté du peuple et celui de la souveraineté limitée des gouvernements, principe inconnu jusqu'alors et que nous ne jugeons pas quant à présent, mais dont il n'est pas hors de propos de marquer l'origine, si l'on songe à la communauté, à la corrélation de nature du droit politique et du dogme religieux.

Il serait assez inutile pour l'objet que nous avons en vue de rechercher présentement quelle peut être, dans la doctrine des publicistes de la Réforme, la limite qui sépare le droit du souverain de celui des sujets. Hothman est parlementaire; De Bèze, Duplessis-Mornay, ainsi que l'éloquent écrivain caché sous le pseudonyme de Junius Brutus [1] et Milton versent

[1] Dans un petit chef-d'œuvre bien connu des bibliophiles, intitulé : *Vindiciæ contra tyrannos*. La paternité de cet opuscule a été attribuée par les uns à Hothman, par d'autres à De Bèze, et plus généralement à Hubert Languet. Mais il paraîtrait résulter des mémoires de Mme Duplessis-Mornay, que l'auteur en est Duplessis-Mornay lui-même. (*Mém.* de Mme Duplessis-Mornay, 1824, p. 81).

dans la souveraineté du peuple [1]; Jurieu et de nos jours Benjamin Constant ne sont pas sortis du vague des généralités; car le premier n'apprend rien en enseignant que le peuple souverain ne concède au gouvernement qu'il institue qu'un pouvoir limité dans les bornes de celui que les hommes ont sur eux-mêmes [2], et le second n'en dit pas davantage en circonscrivant la loi dans les mêmes limites que l'autorité dont elle émane [3]. — Des publicistes comme Montesquieu et des hommes politiques comme Royer-Collard, convaincus sans doute que le droit individuel échappe à toute définition, s'attachent à la forme, à la constitution des pouvoirs publics, en vue de les contenir dans leurs tendances excessives ou mauvaises, et de leur faire produire la liberté comme un fruit. Ceux-ci ne posent pas de bornes constitutionnelles à la souveraineté gouvernementale, hormis dans les cas extrêmes, parce qu'ils l'ont constituée, dans leur pensée, de façon à la rendre impuissante à faire le mal. Mais ils supposent, ils admettent le partage de la souveraineté et du droit individuel; ils n'imaginent pas moins une ligne de démarcation, quoique idéale,

[1] V. la *Franco-Gallia* d'Hothman, les *Vindiciæ contrà tyrannos*, de E. Junius Brutus, et les Opuscules latins de Milton.

[2] XVIe et XVIIe *Lettres pastorales* de la 3e année.

[3] *Cours de politique constitutionnelle*, éd. de M. Ed. Laboulaye, t. I, p. 273 et suiv.

indéfinie ; leur sytème implique de nécessité la coexistence des deux principes opposés ; leur pouvoir public est souverain, mais d'une souveraineté limitée. Quelque indécise que soit la limite dans l'esprit de tous ces théoriciens de la même école, c'est donc à une doctrine mixte que l'on a affaire, mais à une doctrine qui, n'eût-elle pour elle que l'autorité d'une pratique durable, commande une sérieuse discussion.

Nous avons cherché le type de l'absolutisme théocratique dans le corps du droit canonique ; nous prendrons celui de la souveraineté limitée dans les monarchies constitutionnelles que nous avons sous les yeux. Toutes ont des principes communs, un caractère identique qui les fait ce qu'elles sont. Il n'y a pas à s'arrêter à des différences secondaires. Nous verrons dans l'essence de la monarchie et dans les conditions de son existence de véritables dogmes, acceptés par ceux-là mêmes qui ne croient la défendre qu'au nom de la raison.

Le premier de ces dogmes est la monarchie elle-même, nous voulons dire le fait du pouvoir d'un seul en qui réside l'initiative et l'action ; qui domine la volonté nationale, personnifie l'État, et se manifeste comme une autorité unique et supérieure dont les autres pouvoirs constitutionnels ne sont que des limites, et dans laquelle ils se meuvent. La puissance royale est perpétuelle de sa nature, ou il n'y a pas de roi. Si on lui donne pour base un pacte, on est bientôt contraint d'en sortir pour trouver la royauté. A la différence du chef élu d'une entreprise ou du magistrat tout puissant pour un temps, comme était le dictateur à Rome, le roi a une autorité propre à laquelle la constitution politique du pays peut poser des bornes, mais qui reste indépendante de la volonté changeante de la nation.

Tandis que le délégué par élection n'a qu'une autorité d'emprunt, née d'un engagement qui ne lie que les particuliers entre eux, subordonnée pour sa durée à l'utilité de l'action de celui qui en est investi, le roi a été partie dans le contrat exprès ou tacite à l'hypothèse duquel il est permis de remonter, et il possède comme sienne cette puissance qui lui fut conférée non comme un mandat, mais comme un droit, qui, le dogme aidant, est perpétuel ou n'est pas. A cette cause, il est dans la vraie doctrine monarchique l'immortelle image de la justice, le symbole vivant du commandement, l'autorité dans son unité ; sa souveraineté est celle du droit ; il est infaillible au moins fictivement, irresponsable de fait, sacré dans le sens non emphatique, mais étymologique du mot. Le fameux mot *l'État c'est moi*, haïssable comme pensée égoïste exprimait exactement la personnification de celui qui le prononça. Le roi ne vit pas seul, tout l'État respire et souffle avec lui [1].

Nous ne faisons pas ici de la poésie, mais de la réalité. C'est la volonté de la nation qui a pu faire la souveraineté; mais c'est le dogme de la solidarité des générations qui la prolonge indéfiniment au delà du seul instant pendant lequel elle serait juridiquement obligatoire. La raison n'expliquera jamais ni l'infaillibilité fictive, l'irresponsabilité du monarque, ni cette autorité conférée éventuellement contre le droit des particuliers, qui même dans l'hypothèse presque invraisemblable d'un contrat, survit aux contractants et oblige ceux qui n'y ont pas été parties. Si l'on croyait pouvoir s'en tenir à ce contrat supposé, à ce pacte, à cette délégation, telle qu'elle fut consentie par le Danemark en 1660 et de nos jours plusieurs fois en France, je répondrais, en me faisant pour un moment monarchiste, qu'un vote n'oblige que ceux qui l'ont donné; que limité à ses effets juridiques, rationnels, il ne concéderait qu'une souveraineté d'un moment; qu'on ne peut y chercher un titre durable; qu'il faut en sortir pour trouver le souverain; que, chez un peuple les individus se renouvelant sans cesse, ce

1 *Never alone*
Did the king sigh, but with a general groan
SHAK., *Hamlet*, act. III, sc. III.

pacte devrait, rigoureusement, se renouveler chaque jour; qu'il faudrait d'ailleurs le supposer unanime, comme l'a dit Rousseau, et cette fois avec raison, rien n'astreignant le petit nombre à se soumettre au grand, à moins d'une convention antérieure [1]; que l'existence d'une nation comme être moral suppose un autre contrat qu'on devrait prouver ou un dogme qu'il faut croire ; que la solidarité des générations est elle-même un autre dogme nécessaire pour expliquer la durée de l'autorité du souverain ; que les pactes des peuples avec leurs souverains, dont les exemples sont si rares, n'auraient pas conséquemment, en les admettant, la vertu de conférer à la souveraineté ni l'universalité ni la durée, deux conditions sans lesquelles cependant elle n'existe pas ; qu'ainsi on ne peut méconnaître un caractère dogmatique dans l'institution monarchique sans dénaturer l'autorité souveraine ou en détruire la base.

L'institution de la monarchie étant un premier dogme, l'hérédité en sera un second. La même raison qui a fait la souveraineté monarchique la fera transmissible par succession. Un droit ne meurt pas plus avec le souverain qu'avec le particulier. Nous trouvons à la fois dans le dogme de l'hérédité, ou comme on

[1] *Contrat social*, liv. I, ch. V. Rousseau ajoute : « La loi de la pluralité des suffrages est elle-même un établissement de convention et suppose au moins une fois l'unanimité. »

l'a appellé dans la légitimité, la transmissibilité des biens, des maux, des charges et des droits, la solidarité des générations et l'unité nationale indépendante de toute convention. Il faut reconnaître, sous peine d'inconséquence, que si le souverain peut avoir acquis l'autorité sans un contrat exprès, ou ce qui revient au même objet, s'il peut la conserver au delà du contrat et l'exercer contre tous, même ceux qui y auraient été étrangers ou auraient résisté, il peut la continuer dans ses descendants. Ou bien les effets du contrat, à supposer qu'il y en ait un, doivent être strictement limités à ceux des contrats du droit civil, et alors le souverain n'est pas, n'a jamais été; ou la souveraineté est un dogme qui dépasse le contrat et y survit, et alors le droit du souverain est celui de sa dynastie.

Mais une monarchie, constitutionnelle ou non, héréditaire, ne saurait durer sans support. Dans tous les temps et dans tous les pays, la monarchie s'est appuyée sur une aristocratie, *adminiculum principis*, selon l'expression d'un vieux philosophe, Guillaume Postel, sur une noblesse[1] née de la même cause que la monarchie, et que De Maistre considère comme un prolongement de la souveraineté[2]. Or l'existence d'une noblesse,

[1] *De orbis terræ concordiâ*, lib. III, cap. xx.

[2] *Lettres et opuscules*, t. I, p. 13.

avec ses conditions auxquelles on ne saurait se soustraire, n'est-elle pas un nouveau dogme? Il faut à l'aristocratie des priviléges non-seulement personnels, mais héréditaires. Elle aura donc des juridictions à elle, des préséances, des exemptions ; certaines charges ne pourront l'atteindre. La richesse, ce puissant moyen d'action sur les hommes, nécessaire pour conserver à la noblesse son prestige, devra lui être assurée, pour n'y point exposer les descendants d'une race illustre à porter dans l'indigence le poids d'un grand nom. De là les pensions, les dotations accordées par le prince, et dans la loi civile, les majorats et les substitutions.

Je n'oublie pas que notre révolution de 1789 a été faite contre le privilége, pour l'égalité. Mais il faudrait savoir si, au point de vue monarchique où nous sommes, elle a été bien faite. Pense-t-on que dans aucune éventualité ce grand mouvement eût pu s'accomplir sans heurter au bout la royauté, qu'à ses commencements il ne menaçait pas? Les coups ne portaient-ils pas plus haut que le but? Des partisans éclairés du système monarchique n'auraient-ils pas à souhaiter plutôt une aristocratie qui méritât sa dignité? Qui oserait assurer qu'aujourd'hui, après quatre-vingts ans de révolutions, une dynastie peut trouver un appui durable uniquement dans le sentiment populaire? A ne juger que par notre histoire, l'état de la monarchie, depuis que l'aristocratie n'est plus, ne nous apprend-il pas que leurs destinées sont communes? Est-ce la révolution qui fut illogique en concevant une démocratie royale, ou bien sont-ce les faits qui ont dévié? Espère-t-on prolonger longtemps une royauté sans soutien ni contrepoids, édifice construit en dépit des lois de l'équilibre?

Chateaubriand rappelait à la chambre des pairs, en 1823, que l'aristocratie anglaise sert de rempart à la couronne; qu'en France, au contraire, c'est la couronne qui mettait l'aristocratie à l'abri. C'est vrai. Nous avons eu ce spectacle singulier, ce contre-sens, d'une classe sans vues politiques et sans vitalité, accablant de son poids la monarchie, dont elle eût dû être le rempart, désertant la cause populaire dont elle était le défenseur né, manquant ainsi à deux causes à la fois, race fainéante qui ne se souvenait de sa dignité que pour les priviléges qui en compensaient les charges, personnage de comédie, protecteur qu'on protége, mais que bientôt on délaisse et renvoie. Mais nous avons vu aussi les dynasties ébranlées, emportées l'une après l'autre par les rafales populaires. C'est par l'aristocratie que la monarchie en France a commencé à mourir. Les deux causes ont toujours été liées. Loin d'infirmer ce que nous disons de la nécessité d'une noblesse dans toute monarchie, tout montre la nécessité de cette institution, bouclier du monarque, tribunat pour le peuple, vrai pouvoir pondérateur dont les droits participent à la fois de ceux du peuple et de ceux du monarque. La démocratie royale est-elle une institution viable et susceptible de donner à la fois l'ordre et la liberté? C'est une question à laquelle il s'en faut que l'expérience autorise à répondre affirmativement.

Nous maintenons donc dans toute monarchie, même constitutionnelle, l'aristocratie comme condition nécessaire de l'équilibre politique, et les priviléges aristocratiques dérivés de la grâce et de l'hérédité du bien, comme des dogmes à ranger à côté de ceux de la pure légitimité. Nous pourrions ajouter aux dogmes politiques que nous venons de rappeler le dogme civil de l'hérédité du mal, tel que nous le trouvons dans notre code aux dispositions qui ne permettent pas aux enfants naturels de recevoir des libéralités complètes de leurs parents, et celui de la délégation de la justice absolue faite au corps social, dans le pouvoir d'appliquer la peine de mort, injustifiable rationnellement. Mais, comme ils se retrouvent ailleurs isolés, et ne se lient pas nécessairement au système de la souveraineté limitée, il suffit de les indiquer ; ils tomberont naturellement sous le jugement dont ce système sera l'objet.

Ce jugement n'est pas douteux. Si le mal de notre temps est, comme nous le croyons, dans une antinomie, dans l'opposition du principe d'autorité et du principe de liberté comprise ou au moins sentie, il est clair qu'il n'y a pas à chercher la solution dans le système où les deux règles dominent, dont le caractère propre est précisément cette opposition qui le fait ce qu'il est. Nous ne prenons pas ici à partie le gouvernement monarchique, qui dans l'état des sociétés modernes, paraît devoir être pendant bien longtemps encore le gouvernement de l'Europe. Mais nous attachant à la monarchie telle qu'elle doit être, avec son principe éminemment dogmatique et ses conditions nécessaires d'existence; la prenant avec les institutions qu'elle a ou doit avoir, sans préoccupation des convenances du moment, nous disons que la souveraineté limitée, loin d'être une solution pour la difficulté philosophique que nous étudions, est justement le système où elle apparaît à découvert, et qu'à moins d'arriver à établir une ligne de démarcation que nous avons fait pressentir impossible entre ce qui est du dogme et ce qui est de la raison, on s'y trouve sous l'empire de deux règles, au centre même de la formidable difficulté que nous avons posée.

La critique doit même remonter plus haut. Nous avons montré précédemment que toute puissance qui veut commander au nom du principe d'autorité, ne peut emprunter son pouvoir qu'à Dieu ; et que Dieu ne parlant que par son Église (il n'est pas besoin de dire laquelle, chacun demeurant libre de songer à la sienne), toute souveraineté pleine est nécessairement théocratique dans son action, subordonnée à l'Église dans son existence, à peine de déchoir dans le despotisme, de pratiquer la tyrannie sans voiles. On reconnaîtra de même, en procédant par voie de proportion morale, que la souveraineté limitée se rattache à la religion appelée naturelle, ou qu'elle est sans titre pour prétendre à l'empire. Nulle souveraineté durable ne saurait émaner d'un contrat même exprès. Mais au fond de toutes les religions se trouvent des dogmes communs, une *religion des gens*, comme les Romains voyaient un *jus gentium* dans l'ensemble des préceptes de droit gardés dans tous les pays connus. C'est de ces dogmes que la souveraineté limitée doit déduire ses prérogatives, et elle les déduit directement parce que le propre de cette *religion des gens* est de n'avoir pas d'Église. — A l'écart de ces croyances, je ne vois plus pour les partisans de la souveraineté limitée qu'incertitude et déraison, inconséquence et confusion, des effets sans causes, un édifice aérien, des prétentions sans titre, un droit public fantastique que la foi délaisse et que la raison ne justifie pas.

Or la question de la souveraineté limitée ramenée ainsi aux proportions d'une question religieuse, ne vient-elle pas heurter à un nouvel ordre de difficultés? Les objections si pressantes des écrivains catholiques contre le déisme ne se tournent-elles pas toutes contre elle? Le déisme est la religion de ceux qui cherchent : il n'offre qu'un refuge momentané; c'est la barrière ouverte d'un champ où le repos ne se trouve qu'à l'extrémité. Il manque à l'objet de toute religion véritable, qui est de donner une formule complète à ce qui est de sentiment. L'antiquité n'a connu rien de semblable à cet ensemble de croyances générales, philosophiques, et dans les temps modernes mêmes, il ne faut pas remonter au delà du siècle dernier pour en trouver le commencement. Mais on devine qu'un droit public où la souveraineté et ses suites s'appuient sur les principes indéfinis d'une religion dont le symbole ne fut jamais dressé, est destitué de toute autorité durable, et que s'il peut être le droit d'une époque de transition au même titre que le déisme en est la foi, on ne peut prétendre pour lui à un empire indiscutable et définitif.

D'ailleurs, quand on aurait résolu ce problème

contradictoire dans les termes, d'une charte politique appuyée sur une religion sans *Credo*, il y aurait à fixer les bornes de la souveraineté. Une ligne de démarcation peut-elle au moins être établie dans le système de la souveraineté limitée entre ce qui serait du dogme et ce qui serait de la raison? Toutes nos constitutions politiques depuis quatre-vingts ans le supposent. La constitution de 1791 écrit au beau milieu de la déclaration des droits, cette maxime d'absolutisme démocratique (art. 6) que la loi est l'expression de la volonté générale, sans paraître soupçonner que l'expression de la volonté générale et la justice peuvent être deux choses. Les constitutions républicaines en font autant. Les chartes monarchiques de 1814 et de 1830 détaillent le *droit public des Français* avant d'exposer la *forme du gouvernement du roi*. Il n'est pas jusqu'à la constitution à laquelle nous sommes soumis présentement qui ne semble se ranger à l'ancienne division du droit des peuples et du droit des rois, en plaçant les libertés individuelles de 1789 en face de l'autorité relevée. Mais la ligne que ces constitutions semblent concevoir est toute idéale. Jurieu et B. Constant en ont parlé, mais ne l'ont pas tracée. Royer-Collard a esquivé la difficulté. Droit des peuples, droit des rois, sont des formules plus faciles à prononcer qu'à expliquer, et l'on peut douter de la réalité des choses qu'elles expriment aussi longtemps qu'on ne les aura pas fait concorder dans la pratique politique.

Cela suffirait sans doute pour montrer le peu de valeur doctrinale de la souveraineté limitée. Il reste cependant une question plus haute à résoudre. Dans la doctrine de la souveraineté limitée comme dans celle de l'absolutisme théocratique, il faudrait admettre qu'un gouvernement peut puiser sa souveraineté et conséquemment le droit de contraindre dans l'ordre surnaturel. Le principe du droit dogmatique est-il obligatoire? Nous sommes ici au cœur de notre sujet; la question mérite pour cette raison un examen à part.

CHAPITRE VII

DES DOGMES CIVILS ET POLITIQUES.

Que la Providence exerce une action mystérieuse sur les choses humaines. — Qu'on ne saurait déduire de ce fait surhumain des dogmes civils et politiques. — Qu'un droit dogmatique implique l'unité de la foi. — Qu'on ne peut faire d'une croyance une vérité légale. — De l'éclectisme. — Que le droit c'est la liberté et l'égalité.

Il faut d'abord reconnaître un fait imposant, que l'histoire universelle atteste et que l'homme public expérimente sur son vaste théâtre comme l'individu le plus chétif dans la vie commune. Au-dessus de la puissance individuelle procédant d'après les données de la raison, il y a la puissance de tous, *déraisonnable* très-souvent sous le nom de force des événements, et au-dessus encore une loi constante qui en dispose les effets d'une façon uniforme. L'antiquité appelait destin l'ensemble des causes cachées qui se joue des desseins des hommes ; dans nos temps modernes, une philosophie plus religieuse et plus haute en conjecture la loi, et reconnaît dans les grandes choses et dans les petites le gouvernement de la Providence. — L'homme s'agite et Dieu le mène, a dit Fénelon. Si l'on pouvait douter de la force des causes inconnues, il faudrait appeler pour en témoigner tous les esprits puissants dans l'action, qui dans leur lutte contre des courants plus forts n'ont enfanté que des œuvres éphémères; qui ont vu déjouer leurs combinaisons les plus savantes, quelquefois même les plus sages humainement, dont rien n'a duré de ce qu'ils ont voulu contre l'ordre éternel. L'homme public, quelle que soit sa taille, obéit à cette loi ou s'y brise. L'événement seul la révèle, et de là la misère des hommes d'initiative condamnés à se guider d'après des conjectures. Qu'elle fasse la destinée des peuples, c'est un fait qu'enseignent en l'expliquant diversement les philosophes de toutes les écoles, Bossuet et Vico; mais dans l'action inconsciente, aveugle en apparence, des hommes et des choses, le philosophe quel qu'il soit verra une obéissance à d'impénétrables décrets; car le hasard n'est pas, et rien ne procédant ici-bas que par des lois constantes, l'empire réputé tyrannique du destin se termine aux lois de l'ordre divin, qu'il ne devait pas être laissé au pouvoir de l'homme de transgresser.

De la multiplicité de l'infinie variété des faits, des causes, des rapports qui agissent dans les choses humaines et qui échapperont toujours à l'attention du philosophe et de l'homme d'État, il résulte une vérité que l'école démocratique de Vico et l'école théocratique de De Maistre, toutes deux d'accord en cela, ont développée au grand jour, à savoir que les peuples font leurs destinées, que le droit se fait tout seul, qu'une constitution politique n'est jamais résultée d'une délibération, que les chartes sont toujours inutiles ou incomplètes, etc., ce qui revient à dire que les lois écrites ne sont rien sans les mœurs, et que l'intelligence finie de l'homme échoue à vouloir embrasser les détails [1]. Ce sont là des faits déduits de l'observation. S'il est vrai que les institutions durables d'un peuple soient le produit de son esprit public, la végétation de ses mœurs, le législateur humain ne pourra rien par les lois si l'esprit de la nation ne s'est trouvé auparavant modifié par une autre cause. En vain ce législateur, grand homme si l'on veut, amoncellerait des décrets et appellerait au secours la force dont il dispose; sa force s'usera; ses lois se fatigueront. De ce fait historique, il faut rapprocher un autre, celui de l'action providentielle soumettant les sociétés à l'em-

[1] Les historiens de l'école de Vico raisonnent ici exactement comme les disciples de De Maistre. Dans la jurisprudence, les controverses qui renaissent d'époque à autre entre l'école dite historique et les partisans de la codification, ne renouvellent pas d'autres arguments que ceux qui sont combattus ou défendus par les modernes défenseurs de la théocratie.

ploi aveugle de moyens que la raison désavoue. Le législateur humain, héros ou multitude, marche sans le vouloir, dans des voies que la lumière humaine n'éclaire pas. Que de fois ne fait-il pas ce qu'il condamne? La loi divine, l'ordre surnaturel, dont sa vue bornée ne percera jamais le mystère le domine. Mais, après avoir reconnu l'autorité de cette loi éclatant souvent par des manifestations inexplicables, peut-il se l'approprier et prétendre systématiquement à la faire parler? C'est à tout prendre la question de ce temps.

Il importe de bien poser la question de ce que l'on a appelé le gouvernement temporel de la Providence. En pure théocratie, c'est la politique des Décrétales. Dans la doctrine de la souveraineté limitée, on se contente quelquefois de mettre, comme on dit, Dieu dans la loi. C'est ainsi que de 1825 à 1832 la loi pénale française punissait non l'outrage à la société, mais l'outrage à Dieu, dans la profanation des hosties consacrées. C'est ainsi encore que dans certaines législations le mariage n'existe civilement que comme conséquence du mariage religieux, du sacrement. Dans les constitutions monarchiques, Dieu n'est pas toujours en toutes lettres dans la loi; mais la monarchie même étant un dogme, et le respect de la constitution monarchique étant obligatoire alors même que ses exigences ne pourraient s'expliquer au regard de la raison, la question de la légitimité du droit dogmatique s'y présente autant de fois que s'élève la question de l'autorité de celles de ces lois qui ne peuvent se justifier rationnellement.

Ces prétentions de l'absolutisme théocratique complet ou mitigé, apparent ou déguisé, ne sauraient se défendre contre un examen sincère. Il est manifeste que le pouvoir humain n'ayant mission que de maintenir l'ordre, sa mission finit avec la nécessité de raison. Je n'ai nul droit d'agir contre mon semblable (ni la société pour moi), si je n'agis en m'appuyant sur un titre dont tout le monde devra convenir. De là la conséquence que le législateur humain ne peut contraindre ni punir en vertu d'un dogme, à moins que ce législateur ne soit en même temps un interprète divin, l'Église ou le bras de l'Église. Mais alors la loi de son institution, loi de mansuétude et de miséricorde, arrêterait l'action qu'on supposerait qu'elle lui commande; elle paralyserait dans ses mains l'arme qu'il prétendrait tenir de son origine.

Point de dogmes civils ni politiques, telle est donc dès à présent notre conclusion.

> Faisons notre devoir et laissons faire aux Dieux.

Il n'appartient pas à l'homme de faire parler la divinité. Un théocrate forcéné, De Maistre, a écrit : « Ce n'est point à la science qu'il appartient de conduire les hommes..... Quant à celui qui parle ou qui écrit pour ôter un dogme national au peuple, il doit être pendu. » — On peut préparer une double hart; nous sommes cet homme; nous voudrions travailler à les ôter tous.

On s'autorise des phénomènes moraux de l'ordre divin pour enseigner un droit dogmatique qui trouverait dans cet ordre un type. Mais qui aurait mission de l'en tirer? Une Église? Le royaume de Dieu n'est pas de ce monde. Un pouvoir humain quelconque? Quel qu'il puisse être, il n'a pas reçu du seul fait de son existence le souffle de l'inspiration divine. Son action se borne aux choses terrestres qu'il administre selon les règles propres aux choses de la terre.

Il faut partir d'un principe certain, à savoir que le droit, le droit humain, celui qui a pour sanction la force, ne saurait être qu'une règle à laquelle tout le monde doit pouvoir acquiescer. Or les symboles religieux qui contiennent le dogme d'où l'on voudrait déduire un droit humain, ne peuvent-ils pas différer, en bonne conscience, selon les pays et les temps? Puis-je imposer ma foi, et ceux qui sentent différemment ne seraient-ils que des hypocrites et des rebelles? Les faits parlent ici plus haut que tous les raisonnements. Il serait contradictoire de donner pour principe à la loi humaine, qui a pour mission d'assurer la paix, le principe du sentiment, qui recèle en lui un germe de guerre. La force est le dernier moyen licite à employer contre ceux qu'on désespère de convaincre; mais la conviction ne procède que de la raison. Je ne puis contraindre, frapper pour une cause quelconque ceux qui sont ou peuvent être sincères dans la profession de leurs sentiments. Dès lors, la diversité de la foi religieuse est un obstacle à l'établissement de tout droit dogmatique; car s'il y a désaccord au point de départ, sur les croyances, on ne se flattera pas d'un accord durable dans les suites, sur les dogmes politiques que chacun déduit de la sienne.

Pour mettre le dogme dans la loi et rester raisonnable, pour accorder les prémisses avec les conséquences, il serait de nécessité d'étendre indéfiniment le domaine de la législation positive, d'établir comme règle fondamentale dans l'État l'unité du culte. On ne saurait raisonnablement s'en prendre aux actes si la croyance est libre. Il n'est pas loisible aux apôtres du sentiment de s'arrêter à mi-chemin. Donc, si la loi humaine est tout entière dogmatique, il faudra imposer la croyance d'où on la fera dériver; si elle n'est dogmatique que partiellement, il faudra dresser un symbole de religion naturelle et le rendre obligatoire, comme le proposait Rousseau.

Cette corrélation n'a pas échappé aux défenseurs de l'absolutisme théocratique ; les canonistes et après eux Bossuet et tous les écrivains catholiques disent expressément que pour bien vivre il faut bien croire, et qu'un culte différent du seul vrai culte (le leur) est déjà une menace pour le droit de tous, pour la sécurité de l'État[1].

Mais, si l'on revenait à cette doctrine brutale de l'unité du culte, pour en faire sortir un droit dogmatique, songe-t-on à ce que pourraient dire les opprimés réclamant pour leur foi une liberté égale ? Nous ne voulons pas reprendre, même en passant, une controverse usée depuis plus d'un siècle, quelque effort que fassent les docteurs de l'ultramontanisme pour la rajeunir. C'est cependant le lieu de rappeler que les défenseurs de l'unité de la loi ne peuvent soutenir

[1] *Quis enim nostrûm, quis vestrûm (hereticorum) non laudat leges ab imperatoribus datas adversus sacrificia paganorum? Et certè longè ibi pœna severior constituta est : de vobis autem corripiendis habita ratio est, quà potiùs admoneri ab errore discedere quam pro scelere puniri* (*August. causa*, 23, *Quest.* 4 *can. Non invenitur*). V. Bossuet, VIme *avertissement aux Protestants* § 114. — Ailleurs Bossuet s'exprime ainsi : « Entendez-vous que les princes qui sont enfants de l'Église ne doivent jamais se servir du glaive que Dieu leur a mis en main pour abattre ses ennemis ? Dites-moi en quel endroit de l'Écriture les hérétiques et les schismatiques sont exceptés du nombre de ces malfaiteurs contre lesquels saint Paul a dit que Dieu même a armé les princes ? Et quand vous ne voudriez pas permettre aux princes chrétiens de venger de si grands crimes en tant qu'ils sont injurieux à Dieu, ne pourraient-ils pas les venger en tant qu'ils causent du trouble et de la sédition dans leurs États ? » (Lettre du 3 avril 1686, à un diocésain).

leurs prétentions qu'en se condamnant éventuellement s'ils sont vaincus. Toute église a invoqué la liberté au moins une fois, ne fut-ce qu'à son premier jour, preuve irrécusable que pour trouver le principe du droit il faut l'aller puiser au-dessus de la région orageuse du sentiment. Si la liberté n'est pas, l'Église dominante s'expose pour l'avenir a des représailles, qui ayant le même titre que ses prétentions actuelles seront légitimes comme elles; et les premiers chrétiens auront été justement mis à mort.

Nous voulons dire sans ambages et sans obscurité que si le sentiment de la vérité de ma foi m'autorise à imposer par la force soit ma foi elle-même, soit les dogmes civils que j'en déduis, mon semblable luthérien, bouddhiste, musulman, trouvera en lui un titre égal pour imposer la sienne; que dès lors c'est la guerre sans fin, et la vérité religieuse subordonnée aux caprices de la fortune et aux chances des combats. Car je ne puis faire moins que de concéder à mon contradicteur le principe que je fais mien; ce principe est faux s'il produit des conséquences qui se détruisent, si on peut le rétorquer contre moi pour me reprendre les avantages que j'en aurai fait découler.

Les excessifs ont inventé une nouvelle formule d'intolérance; ils opposent que leur croyance est la seule vraie, et que l'on ne peut reconnaître à l'erreur les prérogatives de la vérité. Ainsi raisonnent depuis mille ans les disciples du Coran.

Farouche sophisme, répondrons-nous, qui abonde en contradictions, propre seulement à armer une moitié de l'espèce humaine contre l'autre! Où va-t-on avec une telle façon de raisonner? Si l'antiquité païenne avait pu emprunter à certains énergumènes de nos jours leur logique, le christianisme aurait fini à l'épuisement du sang de ses martyrs. Que la foi chrétienne soit la vérité, comme catholique nous le croyons. Mais il y a deux vérités, respectables toutes deux, qui ne peuvent s'imposer à un titre égal. Le dogme, le surnaturel, n'est accessible qu'au sentiment. Or le sentiment n'est qu'une mesure d'appréciation indéterminée et impropre à servir jamais de base à une conviction qui s'impose. A la différence de la raison qui est *une*, absolue, identique, il est de sa nature relatif, personnel; on ne le contraint pas. Si donc, en vertu de ma manière de sentir, autrement dit sous l'impulsion de mes croyances religieuses, j'exerce un acte de coercition contre mon semblable qui ne sent pas, ne croit pas comme moi, je ferai de la violence pure; et comme toute violence actuelle jugée injuste appelle une réaction, ce sera la terreur en permanence ou la guerre sans fin, à moins que la lassitude, le découragement, un miracle, n'arrive à réunir les particuliers, après plusieurs générations opprimées, foulées, sous la règle d'une foi commune.

Les barbares sectaires à qui ne répugne pas le recours à la force, devraient donc prouver, outre la vérité de leur croyance, l'une de ces deux choses, ou bien que la vérité de sentiment et la vérité de raison sont identiques, ce qui n'est pas, ou bien que la vérité de sentiment comprend comme l'autre la faculté de contraindre, faute de quoi ils promulguent sans titre le code de l'extermination.

Nous insistons sur ce point indiqué déjà plusieurs fois en passant, que le sentiment et le sentiment du surnaturel en particulier, est individuel essentiellement. Les religions positives y donnent un corps; elles le fixent et l'empêchent de s'égarer. La religion chrétienne, entre toutes, par sa puissance et la divinité de son origine, maîtrise cette faculté vagabonde, en même temps que par l'admirable mesure de son enseignement elle fait du sentiment, principe de guerre, un principe de sociabilité. Mais ce serait une étrange exagération de conclure que ses dogmes et le droit humain qu'on en pourrait faire découler peuvent s'imposer par la force. La raison seule est impersonnelle, et seule à ce titre peut servir de base à un droit effectif. Faire d'une croyance une vérité légale, promulguer un droit dogmatique obligatoire, c'est mêler des choses d'ordre différent; c'est rendre toute paix impossible et éterniser la lutte, par l'impossibilité pour les contendants de pouvoir jamais s'entendre, placés comme ils sont sur un terrain différent; c'est demander à la raison de sanctionner une vérité qui n'est pas de son domaine, pour laquelle même on la récuse; c'est décréter la guerre sans écouter les plaignants; c'est proposer au pouvoir public de prêter ses gendarmes et d'écarter ses juges.

Ainsi le raisonnement des intolérants réclamant pour leur foi les prérogatives de la vérité qu'il faudrait selon eux dénier à l'erreur n'est qu'un pur artifice, qui consiste à emprunter à la vérité rationnelle, impersonnelle, ses conséquences juridiques, pour en accommoder la vérité de sentiment, qui n'en saurait avoir [1].

Ce que nous disons du droit dogmatique s'applique également à la doctrine complète de la théocratie, qui a son code dans les Décrétales, et aux systèmes miti-

[1] *Mon royaume n'est pas de ce monde.* (Saint Jean XVIII, 36). Quand ce précepte divin de mansuétude ne serait pas dans l'Évangile, il résulterait du caractère du christianisme, doctrine de pur sentiment. Toute croyance a droit à la liberté, mais n'a droit qu'à cela. Si elle va par le raisonnement jusqu'à la contrainte, elle dévie. A proprement parler, en matière de sentiment on ne raisonne pas. La religion étant chose de pur sentiment et les affaires du monde n'allant que par le raisonnement, la religion et le monde sont respectivement incompétents.

gés (ceux de la plupart des gouvernements de l'Europe) où certains dogmes s'amalgament avec les principes de la raison. Une école, subdivisée en sectes, s'est formée, qui cherchant la vérité dans tous les systèmes, sur le motif que tous en contiennent au moins une parcelle mêlée à beaucoup d'erreurs, choisissant çà et là, a entrepris de constituer les sciences morales et politiques sur une base croit-on plus large, et de composer une philosophie supérieure, on l'affirme, à tous les systèmes. Dans ce travail synchrétique, la vérité politique apparaît comme le résultat de concessions réciproques.

Mais les docteurs éclectiques, doctrinaires, néo-catholiques, que sais-je? se sont-ils bien rendu compte de la nature du vrai, des nécessités de la science en général, de la méthode qu'ils suivent, de celles qu'ils condamnent? Songe-t-on que si la vérité peut être perçue par l'homme, cependant elle ne lui appartient pas? Pensent-ils que dans les sciences on ait fait un pas quand, au lieu de résoudre une difficulté, on a fait cesser momentanément la lutte entre ceux qui l'agitent? Partage-t-on un résultat scientifique? Transige-t-on sur un fait? Deux physiologistes en désaccord sur les fonctions d'un organe ne seront pas satisfaits si, plutôt que de continuer à chercher, ils se sont sacrifié chacun la moitié de leur opinion.

Or l'étude des sciences morales est soumise, quant à l'observation des faits et aux conséquences à en tirer, aux mêmes conditions que celle des sciences naturelles. Dans toutes, on cherche une vérité ; et tous les docteurs, en désespoir de moyens, arriveraient à s'embrasser, qu'il n'y aurait pas à s'en réjouir si ce qu'on cherche n'est pas trouvé.

La philosophie, dit-on, ne peut continuer à s'agiter dans le cercle de systèmes usés qui se détruisent réciproquement. — Sans doute. Mais que ne continue-t-on à en chercher un que ceux-ci ne détruiront pas ?

L'éternelle objection, toujours irréfutable, que l'on élève contre le pacifique éclectisme, philosophie décevante des temps de lassitude, touche donc au fond même de sa doctrine. L'éclectisme est une fin de non recevoir des principes supérieurs, et par-là confine à l'empirisme. Sa méthode fixe la science, en déprime le niveau, et la voue pour jamais à l'erreur si elle y est actuellement. La croyant non organisée mais faite, en supposant les éléments connus, il est pour les résultats moyens ; il partage ce qui n'est pas de l'homme. Mais par ce procédé irrationnel il conduit au septicisme ; il détruit l'autorité des principes, lesquels sont inséparables de leurs conséquences, et l'on peut affirmer qu'il n'arrivera jamais, en butinant des vérités dans tous les cantons, à les fondre en une vérité compacte et une.

Partant de ce point qu'en morale, en droit, en politique, toute question est de sa nature complexe, ce qui est vrai, l'école éclectique conclut qu'il n'est pas de solution qu'on puisse déduire d'un principe unique. Vieille erreur, remontant à Aristote, et que l'esprit analytique de Kant a condamnée [1]. Car où trouver la vérité si la règle manque, ou si deux principes contraires agissent avec une autorité égale? On userait de tempéraments! on concilierait deux principes opposés! En vertu de quelle règle supérieure se ferait cette conciliation, et quelle serait la raison de ces tempéraments?

On comprend que dans le monde des faits il faut bien des sacrifices réciproques. Comme la première nécessité est de vivre et de vivre en paix, on se sert des moyens dont on dispose, et l'on vit de transac-

[1] La maxime que la vertu consiste à garder une juste mesure entre deux vices (*in medio virtus*), la maxime de la médiocrité est fausse en ce qu'elle donne à la vertu un principe qui n'est pas le sien. L'avarice comme vice a un tout autre principe que l'économie poussée à l'excès. Avec cette maxime le degré et par conséquent la vertu et le vice mêmes sont indéterminés. (Kant, *Morale*, tr. de Tissot, p. 52 et 214, éd. de 1837). Que l'on y regarde bien, et l'on verra que la maxime de l'éclectisme est commune avec cette maxime que Aristote, et avant lui Confucius, donnent pour fondement à la doctrine des mœurs. *In medio virtus, in mediocritate veritas,* sont deux maximes identiques.

tions. Mais dans la science l'absolu seul est vrai, seul il peut l'être. Sans lui la science manque d'objet; les expédients ne servent à rien. Ils sont l'aveu de l'ignorance et de la faiblesse, une pure abdication. La vérité est une, simple, forte, coordonnée dans tous ses détails. Elle se formule en trois mots et explique tout, ou bien elle n'est pas. C'est seulement quand elle se montre avec cette rigoureuse unité logique qu'elle se prouve en quelque sorte elle-même. En deçà on n'a rien qu'une science inutile et mensongère, d'arbitraires appréciations de convenance, des résultats vagues, aussi peu satisfaisants pour le sentiment que pour la raison.

Je sais que dans l'opinion de plus d'un homme de ce temps, la vérité absolue en politique et pour être conséquent il faut ajouter en morale, n'est pas, et que toutes choses doivent se subordonner aux circonstances et au temps. On simplifierait encore davantage l'action de la pensée en supprimant la vérité même relative, en proclamant l'égalité du vrai et du faux, ou comme les sceptiques en ignorant l'un et l'autre. Qui entreprendrait cependant de soutenir sans craindre de se démentir que ce peut être là le point de départ d'une philosophie véritable? Le scepticisme n'est-il pas la négation de toute science? Nous affirmons que nulle idée n'est vraie qui n'est absolue dans son cercle, par la raison, comme on disait jadis dans l'école, que toute vérité consonne à elle-même. L'expérience qui renverse un système raisonnable n'empêche pas que la maxime qui en est la base ne soit exacte ; seulement par l'effet d'un dénombrement incomplet ou par une fausse appréciation des faits particuliers dont la maxime est le résultat, on a appliqué à tel ordre de faits le principe qui ne convient qu'à tel autre. Mais le principe vrai une fois trouvé restera vrai toujours, c'est-à-dire absolu ; et quand on s'en remet dans la conduite de la vie à l'appréciation du moment, à l'arbitraire, en haine des principes et des règles, on ne fait rien moins qu'éteindre le flambeau conducteur, parce que de fausse lumières ont quelquefois égaré ; on fait la nuit pour n'être pas accidentellement le jouet d'un mirage.

Nous nous résumons. Un droit qui susciterait la guerre serait destructif de l'état social, qu'il est appelé à régir. Donc, le sentiment de la vérité de ma foi religieuse ne saurait être un principe de droit dès que mon semblable peut en bonne conscience se prévaloir d'un sentiment différent. La condamnation du droit dogmatique à tous les degrés, complet ou mitigé, s'ensuit. Pour trouver un principe de droit, de sociabilité, assurant la paix, ne suscitant pas la guerre, garantissant à chacun la pratique de son devoir de conscience, il faut monter plus haut, et chercher non dans le sentiment, mais dans la raison, un principe plus général, absolu, qui ne sera vrai qu'à la condition de contenir l'égalité du droit, la liberté.

CHAPITRE VIII

DU RÉGIME DE LA LIBERTÉ.

Du droit et des droits. — Des priviléges légaux. — De la constitution de la famille dans le système de la liberté. — Du mariage. — De la tutelle de l'État et des rapports des autorités spirituelle et temporelle. — Du droit de punir. — De la résistance à l'autorité.

Le principe d'autorité pure et le principe d'autorité limitée écartés, reste le principe de liberté. Il nous faut indiquer les grands traits du régime politique dont il serait la base. Nous ne parlerons pas du despotisme brutal, qui ne cherche qu'en lui-même sa raison d'être, parce qu'il n'est à nos yeux qu'un fait de force qu'on ne discute pas. Comme il ne s'adresse ni au sentiment ni à la raison, on le subit aussi longtemps que la force lui demeure; mais il n'a pas en lui la vertu d'obliger. Il reste un pouvoir de fait, rien de plus; c'est un mal public dont il est toujours licite de se délivrer.

Le régime politique de la liberté n'est autre que

celui du droit. La synonimie des deux mots est parfaite. La liberté du citoyen, c'est la faculté de faire ce qu'il doit vouloir, et le droit ne saurait être que cela. Le droit réalise le devoir; c'est la pratique de la loi morale à l'encontre de toute volonté contraire; c'est le devoir continué. Et comme le devoir est identique dans son principe, parce que la même responsabilité morale pèse sur tous les hommes au regard de la raison et de la justice humaine, l'égalité du droit s'ensuit. La constitution du pouvoir public, l'organisation politique est subordonnée au droit de l'individu, sous le régime de la liberté; il faut y poser en principe que nul privilége n'est possible, nulle institution licite qui ne peut se justifier au tribunal de la raison. Les dogmes civils et politiques seront ainsi rigoureusement écartés; il n'y aura même pas de nécessité prétendue sur laquelle on pourra s'appuyer, pour entamer le cercle d'activité où l'homme tient de sa nature la faculté de se mouvoir sans opposition.

Après le droit viennent les droits, comme après le devoir viennent les devoirs. Du devoir que j'ai de vivre, de veiller à la conservation des organes qui servent mon intelligence, dérive, comme nous l'avons dit plus haut, le droit d'acquérir, et avec le droit d'acquérir le droit de conserver, de faire miens les objets acquis, autrement dit le droit de propriété.

La liberté du culte, le droit d'enseigner par la parole ou l'écriture, l'intégrité de la réputation, la liberté individuelle, qui comprend la sécurité personnelle et la liberté de locomotion, le droit de pétition, n'ont pas un autre principe. Droit et devoir sont la même idée sous deux aspects. Tout devoir vis-à-vis de moi-même me crée un droit contre autrui. Mais il ne faudrait pas faire résulter de cette théorie un système rigide, qui ne laisserait de liberté à l'homme que pour le sacrifice, et où des saints seulement demeureraient en sûreté. La doctrine ne va pas jusque-là. Elle est essentiellement la doctrine de la liberté; car d'une part, dans la collision des devoirs le choix me reste, si bien que mon inaction même doit être respectée, et d'une autre part la liberté de tous étant également limitée, et personne n'ayant contre moi plus de droit que je n'en ai sur mes semblables, je conserve ma liberté pour tout fait non dommageable à autrui [1].

De la nature du droit philosophique il résulte que le droit ne peut ni s'abdiquer, ni se restreindre, ni gagner ni perdre avec le temps. Il est immuable, imprescriptible, éternel; ce qu'il est à l'heure présente, il l'a toujours été. Mais il se manifeste sous des formes diverses selon les temps et les lieux. On a con-

[1] V. *suprà*, p. 58. V. surtout pour la réfutation par précaution de cette critique nos *Principes du droit*, p. 20 et suiv.

testé la liberté de l'enseignement par la presse, en tant que droit naturel, par ce motif que le monde l'avait ignorée pendant cinq mille ans. Mauvaise querelle, méprise, confusion du moyen et du résultat. L'enseignement ne fut-il pas toujours légitime? Le droit change-t-il parce qu'il s'exerce différemment? S'il est vrai, comme l'ont chanté des poëtes, qu'en un temps l'homme ait vécu de glands, croit-on qu'après la découverte de Triptolème, au lieu de continuer l'exercice du droit de vivre, il ait acquis un droit nouveau, celui de manger du blé? La liberté de la presse était un droit avant de naître. C'est la manifestation nouvelle d'un droit inné, une force inconnue au service de facultés qui ne changent pas. Le moyen est nouveau, le droit ne l'est pas. Il faudra toujours ainsi chercher le mobile derrière la manifestation, écarter l'apparence et percer jusqu'à la réalité, toutes les fois qu'il y aura à s'interroger sur la légitimité de tel ou tel fait nouveau.

La vraie doctrine du droit ayant pour conséquence l'égalité, les priviléges de castes et les avantages personnels gratuits seront rayés du code constitutionnel qui la détaillera. Qui ne connaît les monstruosités de l'ancien régime à l'époque florissante des pensions? Nous rejetons toute gratification dissimulée ou ouverte, comme immorale en soi et contraire au droit.

Nous déclarons formellement qu'accepter sous un habit sénatorial, chamarré, un avantage, une pension, une sinécure, un traitement sans travail, comme cela s'est vu de tout temps, uniquement parce qu'il faut une riche aristocratie pour relever la splendeur du trône, outre que ce n'est pas d'un honnête homme, c'est forfaire au droit strict.

Comme le système du droit rationnel ne peut sans inconséquence rien emprunter au dogme, la constitution de la famille, dans cette future charte des États de l'Europe, dont nous dressons les principaux articles, aura pour base l'égalité. Le droit d'aînesse, les majorats et les substitutions seront inconnus. D'un autre côté, rien ne devra entraver la libre disposition des biens du père de famille ; la *quotité disponible* ne sera de rien moins que la totalité même du patrimoine du donateur ou testateur. L'ordre successoral établi par la loi ne sera réglé par aucune autre considération que la volonté présumée du défunt. Les successions légitimes seront le testament des personnes mortes sans testament. Surtout le législateur ne frappera pas d'une incapacité légale de recevoir l'infortuné né en dehors de la famille légitime, pour lui faire payer la rançon de la faute d'autrui.

Le mariage aura dans cette doctrine le caractère d'un contrat purement civil ; il sera un engagement perpétuel dans la pensée des époux, par la raison que les sacrifices qui peuvent être la suite de l'union de l'homme et de la femme ne sauraient être compensés, surtout pour la femme, que par la pérennité assurée à l'avance du lien conjugal. Mais, s'il arrivait que la faute de l'un des époux rendît la vie commune impossible, nul empêchement juridique ne s'opposerait à ce que l'autre ne formât une nouvelle union. La religion catholique proscrit le divorce, personnellement nous le réprouvons avec elle. Mais comme juriste conséquent nous ne pouvons condamner un second mariage après la rupture d'un premier ; car la doctrine catholique n'est pas le droit, et ce peut être pour le cœur une satisfaction légitime, comme la législation de tant de peuples civilisés en témoigne, que de chercher dans un nouvel engagement un refuge, sans se heurter à une prohibition législative, empruntée à un ordre d'idées où la loi humaine ne peut à aucun titre chercher ses inspirations.

La loi humaine n'a pour mission, nous ne saurions trop le répéter, que d'assurer la libre pratique du bien, non de rendre le mieux obligatoire. Si l'on repousse le divorce, parce que le mariage est un sacrement, il faudra ne reconnaître d'autre mariage que le mariage religieux ; et si on le proscrit parce que pour l'époux déçu l'isolement vaut mieux, logiquement il faudra imposer la viduité.

Avec le droit rationnel, il faut écarter cette idée si malheureusement populaire en France, de l'État tuteur des intérêts privés, intendant public, chargé de pourvoir administrativement aux nécessités bien ou mal comprises que l'état social peut faire naître. On fermera donc les établissements publics d'éducation, de bienfaisance et de secours, avec la confiance de les voir se rouvrir comme établissements privés collectifs. Car de quel droit l'État prélève-t-il sur la richesse publique un impôt destiné à se répandre en œuvres étrangères à son institution, faisant ainsi la charité avec l'argent du prochain? Dans ce système, on séparera même radicalement l'État et l'Église; il n'y aura pas de religion d'État comme dans l'ancien régime, ni même de religion civile, comme l'eût voulu Rousseau. Le droit public dont nous indiquons les grands traits ne fera pas davantage du sacerdoce une magistrature [1]; les sectateurs de chaque religion

[1] Nous avons ici en vue la doctrine de Royer-Collard sur la situation du clergé dans l'État. Royer-Collard posait ainsi les bases de toute alliance entre l'autorité temporelle et l'autorité spirituelle : « Elle consistera en ce que de la mission divine du prêtre l'État fait une magistrature sociale, la plus haute de toutes, puisqu'elle a pour mission d'enseigner la religion. Le prix de l'alliance (qu'on excuse cette expression nécessaire), c'est que le prêtre restera dans le temple, et qu'il n'en sortira pas pour troubler l'État. Voilà la matière de tous les concordats. » Discours du 15 mai 1824, t. II, p. 100, de l'édition de M. de Barante.

pourvoiront en commun aux besoins de leur culte.

Parmi les théories de droit il n'en est pas sur lesquelles on ait autant écrit que sur celle du droit de punir. Tous les écrivains du droit naturel, tous les philosophes publicistes ont travaillé à l'envi à approfondir ce redoutable problème, et ce serait une extrême présomption de prétendre trouver quelque système qui n'eût pas encore été produit. Les écrivains modernes, même les plus illustres, Beccaria et Rossi, ont parlé du droit de punir sans remonter au droit même. Il en est résulté beaucoup de divergences dans les principes qu'ils ont posés, quoique arrivant, pour la plupart, à des conclusions identiques, parce que la logique du philosophe dévie à propos, et que le bon sens corrige ce que la théorie a en soi d'exclusif et de rigoureux. Pour nous, le droit de punir sera tout entier dans le droit de la défense. La peine est un appendice, une continuation du droit de résister, de cette faculté coercitive sans laquelle le droit ne serait pas, ou ne serait qu'un mot. On m'attaque, je repousse l'assaillant; on m'attaque méchamment, l'agression se compliquant d'un élément nouveau, l'acte défensif aura un caractère de plus ; je ferai du mal pour prévenir une nouvelle offense. C'est ce droit de m'assurer par l'exemplarité du châtiment ma sécurité dans l'avenir, que la société exerce pour moi quand elle frappe mon agresseur. Le droit de punir commence et finit avec la nécessité ; de justice proprement dite, de supériorité du pouvoir social, d'expiation, de toute idée enfin qui tendrait à faire considérer la peine comme un démembrement de la justice absolue, ainsi que le veut Rossi dans le savant amalgame de son système, il ne faut plus parler ; car Dieu n'a commis à personne le soin d'anticiper sur la justice qu'il ébauche par des voies à lui propres dès ici-bas, et qu'il se réserve d'achever ou de suspendre dans un monde inconnu.

La question la plus difficile dans la doctrine de la liberté est celle de la constitution du pouvoir public. La souveraineté, c'est-à-dire le pouvoir de faire même du mal n'étant une puissance que contre le droit, il faut conclure que la légitimité du gouvernement né des mœurs de la nation et consacré par le temps sera seulement dans la légitimité de son action ; en d'autres termes, le pouvoir public aura le droit de faire justice, mais il n'exercera pas la souveraineté. Nous posons comme principe fondamental que le droit c'est la vérité politique. Or, la vérité étant appréciée par la raison individuelle, toutes les mesures générales dans l'État seront soumises au contrôle de chacun de ses membres, et il sera vrai de dire que le législateur c'est l'individu.

Qu'on ne se récrie pas contre l'exagération apparente de cette proposition. Une telle doctrine semble heurter des idées accréditées à juste titre ; mais, si l'on veut y songer, elle se résout en une théorie du droit de résistance, et n'est pas plus désordonnée que celle de tous les publicistes anglais [1]. Tandis que les absolutistes en démocratie, comme Rousseau, légitiment même les excès du pouvoir souverain ; tandis que d'autres, comme Bossuet et Hobbes, dans un autre camp, proscrivent toute résistance aux exigences de l'autorité suprême, fussent-elles évidemment iniques, et que d'autres enfin, comme Grotius et Vattel, ne l'autorisent que dans un péril très-pressant et à la condition que ce seront tous les particuliers qui l'exerceront de concert, la doctrine de la liberté constitue chacun juge des cas où il peut et doit résister, et ainsi, sans abandonner l'individu à tous les écarts de sa fantaisie, elle lui laisse, avec son arbitre tout entier, le soin de prononcer sur son propre droit

[1] Il est reçu en Angleterre que toute résistance est légale contre un acte de l'autorité tenté au mépris de la loi. Les Établissements de saint Louis et nos vieilles ordonnances de 1355 et de 1357, ces premières chartes que la France ait eues, consacraient un droit pareil. On conte que Benjamin Constant, entraîné un jour à développer la théorie du droit de résistance devant Mackintosh, et croyant émettre des idées d'une nouveauté très-hardie, le grand orateur anglais l'interrompit pour lui dire très-froidement : *We take that for granted,* nous tenons tout cela pour reconnu chez nous.

dans le recueillement de sa conscience. Mais l'anarchie n'est nullement la conséquence fatale de la liberté. Un pouvoir dont l'origine est sans tache, et qui agit pour assurer le règne du droit, a une incontestable autorité, à laquelle la raison même commande de se soumettre, puisque agissant conformément au droit il aura l'assentiment général. La doctrine de la liberté laisse au pouvoir public le droit, la justice ; elle ne le détruit pas ; elle ne lui prend que ses excès.

Telle est juridiquement la théorie de la liberté. Il n'est pas permis d'en rien rabattre. Tout y relève de la raison, rien du sentiment. On n'y commande pas au nom de Dieu, on n'y impose pas des dogmes. La doctrine est une et ne se dément pas. Surtout on n'y sacrifie pas le droit à d'humiliantes nécessités, pour l'explication desquelles on serait réduit à recourir à des conjectures prophétiques. La loi humaine, incompétente à l'égard de tout ce qui dépasse la raison, restera étrangère aux mystères de l'âme humaine. La société ou plutôt l'État ignorera la charité, la grâce, la fraternité, la reversibilité du mal, l'expiation, même la foi en Dieu, ou au moins ne les reconnaîtra que pour assurer à l'individu la libre pratique des devoirs qui en découlent. Mais, en séparant ainsi le droit du dogme, la liberté de l'autorité, on n'en finit pas avec la contradiction qui fait l'objet de cet écrit. Il faut voir maintenant dans quelle situation cette séparation place respectivement les deux principes d'autorité et de liberté l'un vis-à-vis de l'autre, et pour cela mettre successivement la liberté en regard de l'Église catholique, du pouvoir public et enfin des doctrines qui, sous le nom de socialisme, ont eu il y a quinze ans un si bruyant avénement en France. Ce triple examen comparatif fournira l'occasion d'ajouter à ce que le rapide exposé que nous venons de faire aurait sans cela de trop incomplet.

CHAPITRE IX

LA LIBERTÉ ET L'ÉGLISE CATHOLIQUE.

Que le principe de liberté contredit la juridiction politique et morale de l'Église. — De la concession auriculaire. — La liberté, l'Église et la résistance à l'autorité. — Que l'on ne peut séparer la morale et la politique du dogme. — Profession de foi du catholique libéral. — Résumé.

Le sentiment fournissant, dans la doctrine des mœurs, ce que nous avons appelé la matière sur laquelle la raison prononce [1], il est évident qu'en se rangeant à la doctrine de la liberté dans l'ordre politique, si l'on peut éviter l'antinomie de l'autorité et de la liberté, à un point de vue plus général on ne la résout pas. Nous bannissons le dogme de la loi, du droit; mais il n'est pas au pouvoir de l'homme d'abstraire le devoir du sentiment, et de supprimer le surnaturel qui est en lui. Le droit ayant pour principe le devoir, et le devoir dérivant du sentiment et de la

[1] V. *suprà*, p. 39.

raison, la notion du droit comprend ainsi en elle le dualisme qui a fait en philosophie tant de sceptiques, et en politique a produit tant de mouvements contraires, depuis le grand éclat de la Réforme. — Quand je réclame pour moi la liberté religieuse, et que je la reconnais égale à la mienne dans tous mes semblables; quand j'affirme le surnaturel, la solidarité de l'espèce humaine, en proclamant la charité, etc., si après cela j'écarte le surnaturel du droit et le raye dans la loi, je suis inconséquent avec moi-même; je démens ce que je crois; je sacrifie à un principe de sociabilité partie de ma foi; je scinde une vérité; et cependant toute vérité a pour caractère essentiel d'être universelle, de demeurer partout elle-même, comme elle est elle-même toujours.

L'objection est considérable, nul artifice de raisonnement ne saurait l'amoindrir. C'est pour l'avoir bien sentie que les champions de l'autorité sont allés jusqu'à l'absolutisme théocratique, et que nos pères du siècle dernier ont tenté de sortir de la théocratie par la voie désespérée de l'athéisme. Les déistes, les sectateurs de la religion naturelle ont pris un moyen terme; mais la religion naturelle n'est qu'une ébauche, un essai qui attend un complément. Nous avons vu qu'en y empruntant des dogmes pour les mettre dans la loi, on se trouve en présence de deux principes contraires, l'autorité et la liberté, pressé entre le reproche d'inconséquence, de pusillanimité de la part des partisans de l'autorité, et le reproche d'arbitraire par ceux qui ne reconnaissent qu'à la raison l'attribut du commandement. — Pour éviter la théocratie impossible, l'horrible athéisme et le déisme politique, qui intronise dans la doctrine même du droit l'antinomie que nous nous sommes appliqué à faire ressortir, et que nous voudrions résoudre, il ne reste qu'une voie : extraire la vérité politique, la vérité de droit de la vérité générale ; borner le dogme dans ses applications pour n'avoir pas à l'amputer chez lui, en religion ; circonscrire, limiter le principe social, le restreindre au domaine de la raison pure, au risque de l'inconséquence devant laquelle nous venons de nous humilier.

Le christianisme, dans sa forme la plus parfaite, nous voulons dire le catholicisme, ne saurait cependant s'accommoder de la liberté telle que nous en avons posé le principe ; car l'Église catholique embrasse dans sa doctrine toute doctrine même politique, et elle soumet à sa juridiction toutes les actions de l'homme sans distinction. Voyons sur quel point la doctrine politique de l'Église catholique et la doctrine de la liberté se heurtent et se froissent.

Le principe de la liberté attaque d'abord la juridiction de l'Église en morale et en politique. La juridiction politique de l'Église n'a plus aujourd'hui de défenseurs, quoiqu'elle soit une pièce nécessaire de la doctrine. Rome menacerait en vain. *Fulmina bruta!* Nul ne redoute plus, hélas! ses foudres éventées. Mais la juridiction morale, qui avec la juridiction dogmatique forme ce que l'Église appelle sa juridiction spirituelle, subsiste, entière et s'exerce notamment au tribunal de la pénitence. Or, le droit ayant pour principe le devoir, si le devoir, au lieu de relever de la conscience individuelle, relevait de l'arbitre d'une autorité visible qui va puiser sa règle dans le dogme, et qui soumet à son empire l'appréciation des actes humains, législatrice tout à la fois et juge pour tous les faits volontaires qui peuvent se produire, il est manifeste que le droit ne serait plus, et nous rentrons logiquement sous le régime pur de l'autorité.

Le régime de la liberté est donc incompatible particulièrement avec la confession auriculaire, et généralement avec le principe d'où on la déduit. Je ne méconnais pas la force réprimante d'une pratique si propre à faire dégorger les coquins honteux, et que tel hypocrite de mœurs ne fuit que pour ménager un vice ; je l'admets comme précaution contre soi-même. Mais la confession obligatoire impliquant la direction de conscience, en provoquant la réprimande d'un pouvoir indiscutable parce qu'il est divin, qui lie et délie, cette confession, dis-je, enlève à l'individu son arbitre, son jugement, sa raison, tout ce qui fait sa dignité et sa force. Que l'on passe à l'examen toutes les objections dirigées contre la confession volontaire, et l'on n'en trouvera pas une qui vaille. Que l'on essaie de justifier la confession obligatoire, sacramentelle, et l'on ne trouvera pas une raison qui tienne. On ne fera illusion qu'à la condition de les confondre. Avec la confession imposée l'homme ne s'appartient plus. N'ayant plus de devoir en lui-même, il n'aura plus de droit : sous ce joug qui étreint l'âme, son individualité disparaît ; la direction de lui-même lui échappe ; la conscience périt, ou se trouve réduite aux dimensions d'un domaine étroit dont le prêtre tient les clefs.

La doctrine de la liberté contredit encore la doctrine de l'Église sur la question du droit de résistance contre le pouvoir établi. Dans les grands États de l'Europe moderne l'individu ne peut influer sur le gouvernement et les affaires, que d'une façon très-indirecte, par l'élection d'une assemblée législative. Cette influence n'est rien, même dans les pays où l'électorat est conféré à tous les citoyens ; car une volonté, une voix, un vote, c'est un atôme emporté dans le tourbillon d'un monde, une goutte perdue dans un Océan sans mesure, et l'homme ainsi obéit à des lois qu'il n'a pas consenties. Comme d'un autre côté, l'individu ne peut être astreint à rien qui soit injuste, ni gêné en rien de juste ; qu'il n'y a pas de contrat social conclu unanimement, d'où résulterait l'engagement pour la minorité de se soumettre à la volonté du grand nombre, et qu'un tel contrat serait nul de droit s'il existait, il s'ensuit la raison individuelle éclairée demeurant en dernière analyse juge de la vérité de droit, appréciatrice des faits qui peuvent gêner la liberté.

Le droit de résister à toute exigence inique du pouvoir souverain, quel qu'il soit, monarque ou multitude, est ainsi inhérent à l'individu comme conséquence de la libre pratique du devoir; il est légitime, nous dirions presque obligatoire, au même titre. Est-ce là ce qu'enseigne communément l'Église? On le sait. Nous ne discuterons pas le texte de saint Paul : Obéissez aux puissances établies. Nous ne chercherons pas si c'était un précepte éternel, ou le conseil du moment, dicté par un esprit de mansuétude et de prudence [1].

[1] Sans nous livrer à une discussion qui nous ferait perdre notre sujet de vue, nous élèverons contre les prétentions théocratiques ce dilemme : ou le précepte de l'apôtre chrétien est une vérité éternelle, ou il est le conseil du moment. S'il est une vérité éternelle, il s'adresse à tous, à l'Église comme aux sujets, et alors la théocratie catholique perd ses titres; les Décrétales se sont trompées, et les faits du prince, même au point de vue moral, échappent à la juridiction ecclésiastique, sans que l'on puisse, il est vrai, concilier cette exception. S'il est, au contraire, simplement un conseil de prudence, il laisse le droit individuel intact, et l'interprétation qu'y a donnée l'Église n'enchaîne plus la volonté. Avec la première interprétation la suprématie de l'Église disparaît; avec la

Mais, au-dessus de l'interprétation du texte au sens douteux de l'apôtre chrétien, telle que l'Église l'a donnée, il y a l'esprit de la doctrine catholique, qui ne pourrait reconnaître le droit individuel sans se démentir. Or, la résistance étant un élément du droit, à moins que l'on ne réduise le mot à un sens vide, l'idée de la résistance et du droit heurte inévitablement sinon le dogme chrétien, au moins le principe de la grande institution qui l'a constitué.

La question est donc ainsi posée. Le vrai croyant reçoit la loi d'abord ; puis il en accepte l'interprétation authentique donnée par l'Église ; puis il subit l'application qui lui en est faite pour tous ses actes particuliers. L'esprit libre peut accepter le même enseignement, et s'il voit clair, s'il est sage, l'acceptera toujours; mais il l'a soumis à l'examen de la raison.

Le fidèle n'ayant ni devoir, que l'obéissance à l'autorité, ni droit (le principe de la confession sacramentelle le lui enlève), ne pourra ni agir contre une domination tyrannique, ni même résister. L'esprit libre, au contraire, se sentant comptable envers Dieu

seconde elle n'a jamais existé. Dans l'une et dans l'autre, il faudrait conclure à la liberté au regard de l'Église. Ces impossibilités de toutes sortes, où l'on vient échouer, prouvent peut-être une chose, que le christianisme vrai et la vie civile sont incompatibles, et que la vie chrétienne, sans inconséquences, sans mauvaises distinctions, n'est praticable que dans l'état monastique.

des devoirs qui lui sont imposés, et responsable de l'emploi des facultés que la Providence ne peut pas lui avoir départies pour qu'il en abdiquât l'usage, défendra contre tous, larron ou despote, sa liberté et son champ.

Qui est dans la vérité?

Nous retrouvons ici l'inextricable difficulté; nous retrouvons la morale et le droit rentrant dans le dogme, dogmes mêmes, puisqu'ils échappent catholiquement à l'appréciation de la raison, et au-dessus de tout une autorité gardienne du dogme, qui se trouve par cela même régulatrice des devoirs et dispensatrice des droits. Cicéron a pu dire qu'en matière de religion il écoutait non les philosophes, mais les pontifes : *Cùm de religione agitur T. Coruncanium, P. Scipionem, P. Scœvolam, pontifices maximos, non Zenonem aut Cleanthem aut Chrysippum sequor* [1]. Mais un catholique ne parlerait pas ainsi; il ne ferait nulle réserve en faveur de Chrysippe ou de Zénon. Le christianisme n'est pas comme le paganisme un édifice en l'air. Il tient à la terre, c'est-à-dire à l'humanité par sa morale; au ciel, à la Providence divine par ses dogmes; et toutes ces choses, dogmes et morale, s'y trouvent liées dans la plus compacte unité, indissolubles, indi-

[1] *De naturâ deorum*, lib. III.

visibles, chaque partie supposant les autres parties et existant comme condition du tout.

On dit qu'il faut séparer le droit, la politique et la morale du dogme, le temporel du spirituel. C'est parler à son aise. *Ma chi pon man ad esso?* Qui accomplira l'œuvre? Qui dira où l'autorité spirituelle commence et finit? Nous entendons des esprits élevés parmi les plus grands émettre ce vœu, que l'Église reconnaisse enfin la liberté comme un droit [1]. Mais le peut-elle? Cette concession doctrinale, si, comme on le dit, elle n'entraînait pas le sacrifice d'aucun dogme de l'Église, ne lui coûterait-elle pas son infaillibilité comme juge?

Pour reconnaître la liberté comme un droit, disons plus simplement pour reconnaître le droit, l'Église devrait reconnaître le devoir comme un produit du jugement individuel. Avec la liberté comme droit, la confession auriculaire, sacramentelle, disparaît; et comme le principe de la confession auriculaire est dans la divinité de l'institution qui le prescrit, et que le jugement des actes particuliers n'y existe qu'en vertu de l'enseignement divin qu'elle s'est attribué, en même temps que la confession, l'enseignement moral obligatoire, celui que les évêques, les continuateurs des apôtres, animés de l'esprit saint, dispensent au

[1] M. Guizot dans son récent opuscule : *De l'Église et de la société chrétiennes.*

nom de Dieu, périt dans l'Église, comme dans la société périrait de droit et de fait le pouvoir législatif, si l'on dépouillait l'État du droit d'instituer des juges. Bien plus, le dogme et la morale étant choses révélées au même titre et indivisiblement liées ; la raison humaine, d'un autre côté, étant une et non susceptible d'être scindée, si la raison apprécie la règle de la morale, c'est la raison aussi qui appréciera le dogme, et à qui il appartiendra de tirer de l'Écriture et de la tradition les règles de la foi.

Il ne peut pas y avoir, comme on le propose si souvent sans paraître s'en douter, deux législateurs et deux lois. Le sens particulier sera donc l'arbitre du surnaturel, dans ce catholicisme corrigé. C'est-à-dire que le Saint-Esprit s'est retiré de l'Église enseignante. L'Église alors proposera ses doutes, ses conjectures, comme toute autorité humaine. Elle exhortera, elle conseillera ; mais elle ne commandera plus. Réduite à la condition d'un pouvoir consultatif confessant sa faillibilité, déchue de sa dignité d'interprète divin de la loi divine et de juge, elle se trouvera avoir abdiqué, avec son infaillibilité et sa divinité, sa souveraineté sur les âmes ; elle aura encore des fidèles, elle n'aura plus des sujets.

Nous rectifions ainsi le *Credo* catholique, pour l'hypothèse où l'Église arriverait un jour à reconnaître le droit individuel, la liberté : Je crois à ce que l'Église a enseigné jusqu'à ce jour, à ses dogmes, à sa morale, à ses sacrements [1] ; je ne prends pas d'engagement pour ce qu'elle pourra enseigner dans l'avenir. J'accepte son autorité comme salutaire et bonne ; je ne l'accepte pas comme divine, et ne la crois pas infaillible. J'écoute l'enseignement de l'Église ; mais je me réserve de le juger dans la sincérité et le recueillement de ma conscience.

A cette condition, le régime du droit, de la liberté peut s'accommoder de la science révélée. *L'obsequium rationabile* de saint Paul sera alors une stricte réalité. On pourra être à la fois (chose impossible jusqu'ici) catholique et libéral sans subtilité. Mais, sérieusement, on n'attend pas que l'Église abandonne volontairement son infaillibilité.

Comme dans de telles matières on ne saurait jamais reprocher à l'écrivain de se résumer trop souvent, nous reprenons ainsi sommairement les résultats que nous avons obtenus jusqu'ici et nous disons : L'autorité dans les sociétés politiques ne pourrait être légi-

[1] Il faudrait entendre le sacrement de la pénitence, dans cette doctrine, avec une modification. Théologiquement, le sacrement de la pénitence comprend trois choses, la contrition, la confession et la satisfaction. Avec l'amendement que nous osons prévoir, la confession continuera de subsister comme chose de conseil, non comme chose obligatoire. Les autres sacrements restent saufs.

time qu'à la condition de s'appuyer sur un principe divin ; la liberté est la négation de la divinité du droit civil et politique. Faut-il penser que l'avenir de la société moderne est à la liberté ? Oui, le flot nous y porte. La liberté est-elle compatible avec l'autorité de l'Église catholique ? Non ; car cette autorité est indécomposable et embrasse l'homme tout entier. Pour arriver donc à la liberté sans sacrifier le sentiment religieux et particulièrement le dogme chrétien ; pour enlever au principe d'autorité l'unique support apparent qui pourrait prolonger illégitimement son empire dans l'ordre politique ; pour bannir de la loi, sans inconséquence, les dogmes civils et politiques, dont on ne peut se prévaloir qu'en vue de couvrir l'arbitraire ; pour en finir avec les équivoques et les capitulations alternatives de la foi et de la conscience, pures hypocrisies ; pour donner enfin à la contrainte légale le seul fondement qui puisse se justifier vis-à-vis de tous, le fondement rationnel, peut-être faut-il souhaiter que l'Église lâche enfin une autorité qui déjà lui échappe, et qu'entrant dans le courant moderne avec la légitime puissance que lui vaudra toujours la doctrine divine dont elle tient le dépôt, elle retrouve en respect volontaire l'équivalent et au delà de ses prétentions d'un autre temps.

A cette condition, l'antinomie de l'autorité et de la

liberté ne disparaîtra pas encore complétement du monde moral; elle agitera l'homme intérieur. Mais l'âme, débarrassée d'un doute terrible, jouira d'une quiétude relative, et le conflit des deux principes cessera d'être une cause de bouleversement dans les sociétés politiques.

Ce sacrifice que nos arrière-neveux peut-être verront ne serait pas sans précédents; depuis des siècles, l'Église ne prétend plus à donner ni à retirer des couronnes.

CHAPITRE X

LA LIBERTÉ ET LE POUVOIR PUBLIC.

La politique du stoïcisme. — Que le gouvernement représentatif est seul légitime. — Qu'il se diversifie à l'infini : exemples. — De l'avenir de la monarchie constitutionnelle en France. — Ses difficultés. — De la démocratie selon les écrivains politiques de la Réforme, — selon Rousseau, — selon Vico et Lamennais. — Du suffrage universel. — Que le gouvernement doit être impersonnel.

Nous supposons le principe de liberté reconnu et l'autorité reléguée aux choses du monde surnaturel. La raison individuelle, juge du bien et du mal, du vrai et du faux en politique, sera dans la société, comme nous l'avons dit, législatrice en dernier ressort, et nulle puissance ne pourra la soumettre que par l'ascendant de la vérité acceptée ou démontrée. A ces conditions, la résistance effective restera toujours l'*ultima ratio* du citoyen atteint dans son droit. Et comme l'individu abandonné à ses propres forces est faible, et que l'outrage public fait à un seul est une menace contre le droit de tous, la résistance collective deviendra un droit public : ni l'individu ni la société ne peuvent l'abdiquer valablement.

Il serait permis de supposer, si la politique du stoïcisme nous était connue, que celle-ci s'en approcherait sensiblement. Elle paraît retrancher l'homme dans son droit, et soumettre les choses aux règles inflexibles d'une raison qui ne saurait composer avec les nécessités du temps, comme dans la philosophie solitaire de Zénon. Si l'on veut y songer cependant, elle ne cesse pas d'être humaine et sociable. La résistance même collective pourrait être un droit vain contre une tyrannie puissante ou habile dans l'art de tromper. Une confiance illusoire dans ce droit sans garantie dispensera-t-elle, dans la doctrine de la liberté, l'individu de songer à des garanties efficaces? A Dieu ne plaise. La prudence commune ne permet à personne de se désintéresser du gouvernement de son pays. Il ne se peut pas que la réaction contre un mal imminent devienne légitime seulement au moment où elle serait impossible. Toute précaution est licite et obligatoire, qui a pour objet de prévenir une injustice contre laquelle j'aurai à me défendre. Pour n'avoir pas à sévir tardivement et pour ne pas laisser occuper par l'ennemi des places peut-être inexpugnables un jour, la société donc créera des institutions et veillera à les maintenir ; c'est avec l'établissement et le jeu de la machine gouvernementale que commencent le rôle et le devoir du citoyen.

Ne faisant pas un traité de politique, nous n'avons pas à débattre les avantages et les inconvénients de telles ou telles formes de gouvernements, à les discuter dans leur application à notre état social actuel, encore moins à choisir entre elles. Toutes sont légitimes, à la condition de répondre à l'objet de leur établissement ; la doctrine de la liberté n'en proscrit aucune. Mais, une constitution politique n'étant qu'un ensemble de garanties et le droit étant égal, chaque classe d'intérêts légitimes devra trouver dans la constitution un gage du respect auquel elle peut prétendre, à défaut de quoi la classe menacée (car elle l'est déjà) a dès cette heure toutes ses facultés d'action, comme elle les aurait contre une tyrannie effective. De plus nulle combinaison constitutionnelle ne pourra avoir pour effet de placer les actes du pouvoir public au-dessus de l'appréciation du sens particulier ; en d'autres termes la souveraineté n'en pourra résulter. Posons donc comme un résultat acquis, que le gouvernement légitime, dans la doctrine de la liberté, sera celui où tous les intérêts seront représentés ; qu'à cette condition la forme peut se diversifier à l'infini, selon les temps et les lieux, mais que le pouvoir établi ne peut se soustraire pour si peu que ce soit à la discussion, au contrôle de chacun de ses actes, ni prétendre à faire dans une mesure quelconque du mal impunément.

Nous sommes ici avec Platon, Aristote, Cicéron, avec tous les grands esprits de l'antiquité. L'État est une personne morale, un être de raison ; il n'existe et ne dure qu'aux conditions d'existence et de durée de l'homme moral. Or l'homme qui s'interroge sincèrement, reconnaît bien vite en lui toutes les forces contraires qu'il observe en même temps dans la société. Tous ces penchants, ces désirs tumultueux, ces intérêts plus ou moins légitimes, que les partis, les factions, les majorités font triompher tour à tour dans l'État, on les retrouve au foyer de l'âme humaine. Il est douteux que les œuvres d'art eussent un sens pour tous les hommes, si chacun n'avait ressenti en soi le mouvement généreux ou criminel que l'artiste ou le poëte s'est appliqué à rendre. Il y a des séditions, qu'on nous passe l'image, dans l'homme comme dans l'État. Le plus sage, sinon le plus vertueux, serait celui chez qui tous ces sentiments divers se feraient équilibre. Mais cet homme ainsi pondéré, si on le doue en imagination d'une intelligence suffisante pour réaliser au dehors l'homme intérieur, qu'est-il autre chose que l'image de ce gouvernement type que rêvait Platon pour le repos de l'humanité?

Le gouvernement représentatif, sous la forme monarchique qu'il a prise de nos jours, semble avoir réalisé cette doctrine de la pondération des intérêts dans la constitution du pouvoir public. Mais ce serait s'arrêter aux apparences, de ne voir la doctrine de la représentation des intérêts que dans cette forme extérieure de gouvernement qui tend à prévaloir en Europe. Le système représentatif s'accommode aussi bien de la forme républicaine. Il peut même exister sans aucune des marques apparentes qu'il a revêtues de notre temps. Prenons un exemple.

Un grand esprit clairvoyant et sagace, un vrai politique, le maître de l'histoire pragmatique dans l'antiquité, Polybe, après avoir raconté l'histoire de son siècle, a songé à chercher dans l'analyse de la constitution de la Rome des Scipions l'explication des prodigieux succès de la puissance romaine. Polybe, admettant la division des gouvernements en monarchies, aristocraties et démocraties, comme Platon et Aristote, remarque avec ces maîtres de la science politique « que tout gouvernement simple, appuyé sur un principe unique, ne peut durer, parce qu'il tombe tôt ou tard dans le défaut qui lui est propre [1]. » La monarchie dégénère en tyrannie, l'aris-

[1] V. le fragment du VIe livre des *Histoires* de Polybe, traduites au XVIe siècle, par Loys Maigret et de notre temps par M. Beuchot.

tocratie en oligarchie, la démocratie en ochlocratie. « La meilleure constitution politique, dit Polybe, devra être composée, comme la raison et l'histoire l'enseignent, de toutes les propriétés de ces différents gouvernements. C'est sur ce principe que Lycurgue a constitué la république de Sparte [1]. » Puis, analysant avec un sens supérieur la constitution de Rome, Polybe montre que l'excellence de cette constitution tenait à ce que les principes des différentes formes de gouvernement simple y étaient tellement mêlés, qu'on ne saurait dire si le gouvernement de Rome était une monarchie, une aristocratie ou une démocratie, et que de fait il se trouvait être tout cela à la fois.

On voit de suite que si la constitution de l'ancienne Rome avait une telle solidité, que Polybe lui fait honneur en partie des triomphes successifs du peuple qu'elle régissait, cela tenait moins cependant à une fusion doctrinale des différentes formes de gouvernement, pour lesquelles les peuples ne se passionnent pas sans raison, qu'à une sage pondération du pouvoir public, où tous les intérêts avaient une voix. Avant que le système représentatif n'existât dans les conditions où nous le voyons fonctionner

[1] POLYBE, VIe livre.

en Europe, avant qu'il n'eût un nom, son principe était enseigné par Platon, Aristote et Polybe, mis en pratique à Lacédémone et à Rome, sans aucun des caractères extérieurs sous lesquels nous le connaissons ; car il est susceptible de combinaisons infinies, et la diversité d'apparence ne doit pas tromper sur l'identité du principe qui le constitue [1].

A une époque palingénésiaque comme celle où nous vivons, il serait peut-être téméraire de former des conjectures sur les destinées futures du système représentatif en Europe. Tout ce que l'on en peut prédire, c'est que ses destinées seront celles de la liberté. Mais, s'il s'implante définitivement, parce que, sous une forme ou sous une autre, il est le seul gouvernement de la liberté, et que l'avenir est à la liberté, il est permis de penser que sa manifestation, sa forme extérieure sera différente de celle que nous voyons.

[1] Tacite dit dans un passage célèbre que tout gouvernement est, par sa forme, populaire, aristocratique ou monarchique; qu'une forme de gouvernement faite des avantages réunis de chacun de ceux-ci est plus facile à vanter qu'à trouver, et que si elle se produit, elle ne peut durer longtemps : *Cunctas nationes et urbes populus aut primores aut singuli regunt : delecta ex his et consociata reipublicæ forma laudari faciliùs quàm evenire, vel si evenit haud diuturna esse potest* (*Annalium, lib.* IV, 33). Tacite n'avait pas pénétré jusqu'au principe du gouvernement qui régit l'empire romain pendant plus de cinq cents ans. Le phénomène politique qu'il déclare introuvable ou éphémère, il en avait des débris imposants sous les yeux.

D'abord l'avenir de la monarchie, au moins en France, est douteux. Les rois s'en vont. Les dogmes politiques perdent chaque jour de leur autorité ; et dans la composition de la société française, on chercherait en vain l'élément aristocratique, sans lequel il n'y a pas de monarchie même constitutionnelle. Faut-il fonder des espérances sur un système de monarchie démocratique sans contre-poids, sans garanties, sans autre responsabilité que celle qui s'expie par le lacet, le poison ou le poignard? De telles espérances ne nous porteraient pas en avant ; elles nous ramèneraient en arrière ; après le souvenir de l'abjection du Bas-Empire, Dieu nous en garde !

En second lieu, l'établissement durable d'une monarchie constitutionnelle rencontrera toujours en France d'insurmontables difficultés, par l'impossibilité de faire représenter au pouvoir tous les éléments de la société. Les publicistes de tous les temps ont constaté dans toute société politique trois classes de personnes, et avec elles trois influences : l'aristocratie, la classe moyenne, que nous appelons la bourgeoisie, et la démocratie. L'aristocratie nobiliaire n'est plus ; mais sa place n'est pas vide. On peut, il faut reconnaître en France encore trois classes : les propriétaires vivant du revenu de leur capital foncier, la classe moyenne, s'enrichissant des bénéfices obtenus de son capital qu'elle fait valoir, et la démocratie, vivant de son salaire [1].

Une classification à peu près semblable peut être faite en Angleterre, où l'aristocratie a abandonné la plupart de ses priviléges de noblesse sans cesser néanmoins de former une classe distincte ; où les deux anciens partis des *torys* et des *wighs* ne représentent plus guère l'un que l'intérêt territorial, et l'autre l'intérêt industriel et l'intérêt populaire.

Or pense-t-on que sous une monarchie constitutionnelle, en France, la classe moyenne et la démocratie pourraient avoir chacune un organe distinct au gouvernement ? La seule pensée de trois assemblées indépendantes répugne au sentiment commun. D'un autre côté, la fusion de l'élément bourgeois et de l'élément populaire dans une seule assemblée, par l'extension indéfinie du cercle électoral, n'aurait pour résultat que d'assurer la prépondérance au dernier ; elle ferait bientôt passer le gouvernement tout entier dans une chambre démocratique ; elle anéantirait l'influence la plus nécessaire dans le gouvernement, celle de la classe moyenne, si propre, comme l'a expliqué Aristote, à balancer, à neutraliser les tendances excessives des deux autres classes rivales.

[1] V. M. Guizot, *De la démocratie en France*, 1849, p. 77.

C'est entre ces deux fatalités que la monarchie représentative a péri en France. Je sais bien que des trois classes si profondément étudiées par Aristote, la démocratie est la plus facile sinon à conduire, au moins à abuser. Les habiles disent : Nous la dirigerons dans nos voies. Mais, parlant ici des gouvernements sincères, puisque la théorie n'en conçoit pas d'autres, nous ne pouvons faire à nous ne savons quelles machiavéliques doctrines l'honneur de compter avec elles. Or, nous le répétons, la démocratie vraie n'accepte pas de partage ; envahissante par nature, parce qu'elle ne peut désirer que monter, elle tend à une omnipotence déréglée, et reléguée hors du pouvoir elle se trouve hors du droit, et subit une injustice.

Trois éléments, trois influences distinctes dans la société et deux organes seulement possibles au gouvernement, telles sont donc les conditions théoriquement inconciliables où doit vivre la monarchie représentative. C'est par là que le gouvernement monarchique parlementaire prête aux critiques les plus prochaines. Des institutions purement populaires, des magistratures démocratiques en dehors du pouvoir central, créeraient des obstacles et ne seraient pas une compensation, et avec l'élément populaire dans le gouvernement, nous avons la pire chose qu'il y ait, la démocratie royale, gouvernement de violence et de mensonge, qui, après avoir fait son temps, ne peut aboutir qu'à la démagogie.

En présence de pareilles difficultés, sans prononcer une sentence définitive et surtout immédiate contre la monarchie représentative, peut-être est-il permis de songer à une autre forme du système représentatif, à une forme plus exacte du régime de la liberté. Quelle sera-t-elle? C'est le secret de Dieu. Mais quelle qu'elle doive être, elle ne pourra jamais, ne l'oublions pas, dominer le droit. Elle restera une simple garantie, et c'est comme garantie seulement qu'il faudra l'estimer. Le droit ne fléchit ni devant la souveraineté absolue ou mitigée d'un seul, ni devant le pouvoir formé des propriétés des gouvernements simples; il ne fléchira pas davantage devant le pouvoir de tous, devant l'autorité démocratique.

Nous nous sommes expliqué sur l'autorité gouvernementale soit empruntée à des dogmes religieux, soit déduite d'un pacte exprès ou tacite [1]. Il nous reste maintenant à placer la liberté en regard de la démocratie.

La démocratie ou souveraineté du peuple a été défendue scientifiquement, doctrinalement, pour la première fois, par les publicistes du temps de la Réforme.

[1] V. *suprà*, chap. IV, V et VI.

Théodore de Bèze, Buchanan, Fr. Hothman, Milton, Jurieu, etc., ont donné aux peuples une sorte de souveraineté de droit divin. Ils ont cru démontrer la souveraineté du peuple en démontrant l'illégitimité de la souveraineté gouvernementale, comme si la souveraineté existait nécessairement quelque part, indépendamment de la volonté des gouvernés, et qu'il n'y eût qu'à montrer où elle n'est pas pour arriver à connaître où elle est.

Mais l'idée de souveraineté est-elle nécessaire à ce point qu'il ne puisse y avoir de débat que sur la question de savoir où la souveraineté réside? Les publicistes de la Réforme semblent avoir confondu la souveraineté et le gouvernement. Que le gouvernement soit chose nécessaire comme la société même, nous pouvons en convenir; mais il ne s'ensuit pas qu'il ne puisse exister que comme souverain, avec le pouvoir de dompter toutes les volontés, sans distinction de celles qui tendent à faire du mal injustement, et de celles qui se manifestent dans le cercle légitime de la liberté individuelle. La souveraineté, nous ne saurions trop le redire pour éviter toute équivoque, c'est le pouvoir de faire du mal impunément. Or le peuple tout entier, moins la victime, n'a pas plus d'autorité pour commettre un attentat que n'en aurait un chef élu ou supposé divinement institué.

Rousseau a donné à la souveraineté du peuple un autre fondement. Comprenant bien que le peuple n'est pas souverain inné, et que la loi de la pluralité des suffrages, si elle peut être un établissement de convention, n'est pas une règle à laquelle personne soit naturellement tenu de se soumettre, il a cru expliquer la souveraineté du peuple en la faisant résulter d'une convention conclue unanimement, par laquelle le peuple est devenu ce qu'il est, un peuple, un être de raison capable d'obliger et de commander. En conséquence, il suppose tous les hommes naturellement libres, et la société née d'un contrat. Le contrat social, selon Rousseau, se réduit aux termes suivants : « Chacun de nous (associés) met en commun sa personne et toute sa puissance sous la suprême direction générale, et nous recevons en corps chaque membre comme partie indivisible du tout [1]. »

Dans cette hypothèse, la volonté de tous est l'ordre, la règle suprême, la loi, quelle que soit cette volonté, pourvu qu'elle ait pour objet un intérêt commun ; car la loi n'est loi qu'autant que la matière sur laquelle on statue est générale [2]. Le peuple est souverain. Et comme le propre de toute volonté qui n'a pas à rendre compte d'elle-même est d'aller sans intermédiaire de

[1] *Contrat social*, liv. I, chap. VI.
[2] *Ibid.*, liv. II, chap. VI.

la personne à l'objet, la volonté populaire, la souveraineté, dans ce système, ne pourra être représentée, encore moins aliénée [1]. La loi sera l'œuvre directe du peuple, un plébiscite; car on ne représente que des intérêts ou des droits, et la volonté ne pourrait être représentée qu'à la condition de cesser d'être libre, c'est-à-dire de cesser d'être la volonté.

Nous reprocherons d'abord à cette doctrine d'avoir pour fondement une pure hypothèse, un contrat dont la minute originale ne fut jamais produite, et qui ne peut avoir été conclu tacitement, par la raison que des volontés libres agissant spontanément n'auraient jamais pu produire un résultat uniforme et nécessaire. Tel est cependant ce contrat, tel il doit être, si nécessaire, que selon Rousseau lui-même, la moindre infraction aux clauses qui s'y trouvent déterminées les rendrait vaines. Mais s'imagine-t-on un contrat, résultat d'un consentement unanime qu'aucun des associés n'a conscience d'avoir donné, et produit de volontés libres arrivant à un accord général, comme si le caractère d'un acte libre n'était pas de se diversifier à l'infini? Il est manifeste que dans la pensée de Rousseau la souveraineté du peuple était préconçue, et qu'il n'a imaginé son contrat et les clauses

[1] *Contrat social*, liv. II, chap. I, V et VI, et liv. III, chap. XV.

de ce contrat, que pour expliquer de parti pris cette souveraineté, non pour l'en déduire.

Nous ajouterons que quand même l'existence d'un tel contrat social serait prouvée, on ne saurait tenir le contrat pour obligatoire. Qu'est-ce que cette entreprise sociale, où chacun met comme apport éventuel sa personne, son honneur et sa vie, sous la suprême direction d'une monstrueuse volonté générale sans responsabilité et sans règle? L'homme peut-il ainsi, victime à l'avance dévouée, hostie populaire, s'engager valablement à toutes les suites imprévues d'un pacte qui autorisera demain le souverain, nouveau Caïphe, à lui dire : *Il est expédient à l'État que tu meures* [1], et qui devra être obéi? Nos lois civiles, plus sages, réprouvent dans les contrats toute clause malhonnête, attentatoire à la liberté, et ne permettent d'engager ses services qu'à temps.

Des philosophes, comme Vico au siècle dernier et Lamennais de nos jours, ont donné à la vérité un principe d'où la souveraineté du peuple, en politique, résulterait directement si le principe était fondé. Vico a écrit cette maxime répétée en cent endroits de son livre, et qui contient sa philosophie de l'histoire : « Ce que l'universalité ou la généralité du genre humain

[1] *Contrat social*, liv. II, chap. V.

sent être juste doit servir de règle dans la vie sociale, et quiconque veut s'écarter de ce critérium doit prendre garde de s'écarter de l'humanité entière [1]. » Et Lamennais a dit plus simplement que le sens général, commun, est le sceau de la vérité [2].

En politique, la conséquence d'une telle philosophie ne serait pas de faire la démocratie souveraine à proprement parler, c'est-à-dire capable de mal faire et cependant irresponsable de ses faits, mais de la reconnaître infaillible de fait, et de lui conférer virtuellement le pouvoir législatif. Le peuple alors, appréciateur de la vérité de droit comme de toute autre vérité, déclarerait le droit ; et ce droit déclaré serait obligatoire comme vrai, hormis dans le cas improbable où le peuple aurait menti sciemment.

Au lieu du principe révolutionnaire de Rousseau, soumettant toutes choses à l'empire d'une volonté sans règle, brutale, nous avons, avec Vico, le principe de l'autorité de l'histoire, un des soutiens sur lesquels l'Église s'appuie, et qui peut tenir compte des intérêts divers.

Mais le critérium du sentiment commun ne peut

[1] *Ciò che si sente giusto da tutti o la maggior parte degli uomini debbe essere la regola della vita socievole.... chiunque se ne vuole trar fuori, egli veda di non trarsi fuori da tutta l'umanità.* (*Scienza nuova*, 2e éd., lib. I, in fine.)

[2] De *l'indifférence*, chap. XII, *Esquisse d'une philosophie*, chap. I.

plus se justifier aucunement dès que l'on écarte le critérium du sens individuel. Si la connaissance de la vérité n'appartient à personne, on ne saurait en faire l'apanage de tous. Une affirmation ne sortira jamais d'un amas de négations ; rien ne saurait se produire de ce qui n'est rien ; il faut des unités pour faire un nombre. Ce qu'il y a de vrai dans le principe de Vico et de Lamennais, c'est que la raison individuelle, faible et toujours chancelante, ne peut avancer avec sécurité qu'à la condition de vérifier, par tous les moyens à son usage, quelles sont, à travers tant d'apparences trompeuses, celles conformes à la réalité et celles qui déçoivent. A ce point, le sentiment commun peut servir à redresser nos erreurs ; il y aurait plus que de l'orgueil à s'en défendre. Mais quand ma raison se soumet, acquiesce à une vérité généralement reconnue, c'est encore ma raison qui prononce. Le sens général n'a acquis sur elle aucun empire ; la raison individuelle n'a rien abdiqué de sa royauté.

Ainsi sont démontrées inconciliables, dans tous les systèmes, la liberté et la souveraineté du nombre. La liberté, c'est moi, c'est ma raison ; rien ne peut l'anéantir ni la dominer.

Nous venons de condamner le suffrage universel en politique. Comme principe de vérité il est une erreur ; car la vérité ne se met pas aux voix. Comme manifestation d'une classe d'intérêts, il est inique et oppressif, si l'assemblée élue est sans contre-poids dans la constitution, et se trouve former à elle seule le pouvoir législatif. Dans le système représentatif, quelle qu'en soit la forme connue présentement ou inconnue, on compte ou l'on devra compter les classes d'intérêts, donnant à chaque classe une représentation distincte, et à chaque corps représentatif une voix égale. La politique du suffrage universel sans contre-poids, au contraire, compte les têtes, les voix, sans s'inquiéter de la diversité des intérêts : elle soumet les droits acquis légitimes, mais inévitablement jalousés, à la loi du grand nombre ; elle substitue au principe philosophique du droit, le principe matérialiste et brutal de la pluralité des appétits ; elle passe le niveau sur tous les sommets ; elle met le droit du plus fort dans la constitution du pays.

Que l'on ait contesté aux fameux États-généraux de 1789 le vote par ordre, pour y substituer le vote par tête, cela se conçoit, et la prétention n'avait rien que de juste [1]. Les députés de la noblesse et ceux du clergé représentaient un intérêt commun, celui des privilégiés ; les députés du tiers-état ne représen-

[1] A la première assemblée des notables, en 1787, le vote avait lieu par tête, non par ordre, succès d'autant plus remarquable que les hommes du tiers-état n'avaient pas eu à le disputer.

taient pas même un intérêt unique; car on pouvait déjà à cette époque distinguer les classes populaires et la bourgeoisie. Dans cette situation, le vote par ordre donnait aux privilégiés deux voix pour un, et au tiers-état une voix pour deux. D'ailleurs on était en révolution, et depuis longtemps ce classement des intérêts manquait de vérité; on se trouvait excusé de ne s'y point asservir. Mais n'admettre comme pouvoir législatif en un temps normal et régulier qu'une assemblée issue du suffrage universel, quand il faudra toujours recenser trois classes d'intérêts au moins, c'est mettre la volonté brutale au-dessus de la justice ; c'est sacrifier d'avance les intérêts légitimes et les droits acquis des classes supérieures; c'est aller éventuellement au delà de l'égalité du droit, jusqu'à cette égalité inique et impossible qui proscrit toute supériorité. A moins que le suffrage universel, instrument docile mais dangereux du despotisme, ne soit faussé. Mais on ne discute pas théoriquement la politique de Machiavel.

Ainsi la liberté et la démocratie sont deux choses. La loi du grand nombre, qui ne saurait d'ailleurs jamais élever valablement un droit contre le droit, sera proscrite en tant que règle unique aussi longtemps qu'il y aura dans la société pluralité d'intérêts. Si la forme républicaine est la forme naturelle du gouvernement de la liberté, c'est à la condition que l'on bannira comme faux et dangereux le principe antisocial de la souveraineté du peuple. Alors on n'en aura pas fini avec les brigues, les dissensions et les révolutions ; elles sont dans l'humanité. Mais le pouvoir politique constitué sur la base du concours de tous les droits aura sa véritable assise ; il donnera à la société une garantie qui à elle seule renfermera toutes les garanties, à laquelle dans tout système sage et prudent, tendent toutes les combinaisons constitutionnelles, depuis que les peuples ont conscience d'eux-mêmes, nous voulons dire l'impersonnalité du commandement.

CHAPITRE XI

LA LIBERTÉ ET LE SOCIALISME.

Que la liberté et le socialisme sont incompatibles. — Du principe, de l'essence et du but du socialisme. — Des diverses formes du socialisme. — Du socialisme volontaire. — Du principe de fraternité. — Que la fraternité ne peut être écrite dans la loi. — Qu'elle pourrait être mise dans un droit dogmatique.

Shakespeare a placé dans la bouche d'un de ses personnages comiques le projet satirique d'une république idéale, aussi raisonnable à peu près que celle de son contemporain Morus, mais dont on ne peut plus rire, malgré ses folles exagérations, depuis que des réformateurs de nos jours l'ont répété sérieusement. Dans ce plan, l'homme affranchi de toute contrainte voit dépasser les merveilles de l'âge d'or. Plus de riches, plus de pauvres, plus de magistrats, plus de propriété, plus de contrats, plus de trafic, plus de crimes, plus de violences, partant plus de répression;

chacun, homme ou femme, coule ses jours dans une douce oisiveté; l'abondance naît partout; la terre prodigue ses biens sans efforts et sans sueurs : tel est le rêve dont le grand dramatiste anglais fait implicitement justice, en le faisant éclore du cerveau d'une bonne créature bien crédule [1].

Nous avons vu se renouveler toutes ces utopies enrichies de développements, et les plus fortes réfutations qu'on en ait faites étaient empruntées au principe des doctrines de la Révolution française [2]. Au débordement des théories socialistes on ne pouvait opposer que le droit. Telle est la puissance de la vérité politique mise au jour par la Révolution, qu'en même temps qu'elle brille de sa propre évidence, elle est la contradiction la plus nette de tous les systèmes qui, en deçà ou au delà, attentent à la liberté humaine. Après avoir clos le passé, elle éclaire l'avenir. En deçà, ce sont les castes, la dépendance individuelle, l'oppression, l'asservissement; au delà c'est la mutilation de l'individu, son emprisonnement dans des formes rigides, toujours le despotisme en haut et la servitude

[1] *The tempest*, act. II, sc. I.

[2] Quand nous parlons de la Révolution française, nous n'entendons jamais parler que de la révolution législative de 1789. Avons-nous besoin de répudier toute solidarité de pensée avec les auteurs des sauvages excès qui suivirent, quoiqu'il y ait bien quelque chose à dire pour la bête qui, mangée vive jusqu'à l'os, se retourna un jour et mordit ?

en bas sous un aspect et des noms différents. Le principe de la Révolution met l'homme en possession de lui-même, et seul il garantit sa dignité, en lui assurant la liberté.

Nous n'entreprendrons pas ici une exposition des doctrines socialistes pour les réfuter. Une telle étude manquerait au moins d'opportunité. Ce que nous en pourrions dire eût été il y a moins de quinze ans des lieux communs; aujourd'hui nous paraîtrions combattre des chimères. Le socialisme cependant n'est pas mort, ou s'il est mort il renaîtra. Il faut en parler pour l'éventualité d'une résurrection. Nous irons droit au principe des écoles socialistes; car dans toutes ces écoles le principe est identique; elles ne varient que dans l'application.

Qu'est-ce que le socialisme? Quel est son principe? Où conduit-il? Ce sont toutes questions qui, posées aux diverses écoles socialistes, peuvent se ramener à l'unité. L'essence du socialisme, c'est la responsabilité morale transportée de l'individu à la société; son principe, c'est le besoin reconnu comme principe du droit; son but, c'est la satisfaction de tous les appétits, et son moyen, la reconstruction de la société sur un plan nouveau, sur quoi l'imagination socialiste se donnant carrière a produit les plus fantasques combinaisons.

Que l'on examine les différentes doctrines socialistes, et pour cela que l'on prenne leurs propres formules, et l'on trouvera dans toutes ce même caractère, ce même principe et ce même but. Le communisme moderne, celui de Robert Owen, part de ce point, que l'homme ne doit pas souffrir de l'influence des circonstances mauvaises de temps, de lieu, d'éducation, qui pèsent sur lui, ni bénéficier des circonstances heureuses. Ses goûts, ses penchants, dit Owen, l'homme ne se les est pas donnés. De là, la communauté des biens comme régime légal des sociétés humaines. Dans la doctrine communiste l'homme a un droit égal à tous les biens de ce monde, parce qu'il a un égal besoin. Le but auquel tend l'organisation sociale, c'est la satisfaction par des portions égales de tous les appétits supposés égaux.

Les différentes écoles socialistes, produites de la souche commune du communisme diffèrent du moins au plus, mais n'ont un but ni un principe différents. Selon que le philosophe de la secte était frappé de la nécessité de faire disparaître tel ou tel vice, réel trop souvent, hélas! qu'entraîne notre organisation sociale actuelle, anti-libérale et illogique, il empruntait au communisme sa critique et son procédé d'organisation, en circonscrivant l'application à la maladie qu'il avait en vue. Procédé d'empirique, qui s'en prend au symptôme et répercute le mal, quand il suffirait de rendre à l'action vitale sa liberté, et de faire tomber des entraves! Saint-Simon disait : « *A chacun selon sa capacité, à chaque capacité selon ses œuvres,* » et supprimait très-conséquemment l'hérédité et la famille. Fourier disait : « *Répartition proportionnelle au travail, au capital et au talent,* » et faisait disparaître l'appropriation individuelle. Un troisième, enfin, conviait les hommes à « *consommer chacun selon ses besoins et à travailler selon ses forces,* » et transformait la société en un vaste atelier où l'on n'eût plus compté que des salariés, tous également rétribués. Mais tous les chefs d'école étaient d'accord pour exempter l'homme de tout ou partie de la responsabilité morale qui pèse sur lui, pour la rejeter sur la société; pour enlever à l'individu, dans une mesure déterminée par les besoins d'autrui, le bénéfice occasionnel de sa situation propre ; pour faire peser sur les têtes un niveau ; pour toucher au droit toutes les fois que le monopole de la propriété ferait obstacle à la satisfaction des besoins des individus moins bien partagés.

Or il est clair que le régime de la liberté ne s'accommodera jamais du principe du socialisme, dont il est la contradiction formelle, ni du but du socialisme, qui n'a rien de commun avec le principe austère de la morale et du droit.

Et nous parlons ici seulement du socialisme en tant que principe de droit qui s'impose; du socialisme dont nous avons réfuté le principe en repoussant la philosophie de l'intérêt et du bien-être, et en plaçant le droit dans le devoir; car il est bien certain aussi que si l'application des procédés économiques du socialisme arrivait à rallier des adhérents volontaires, tout serait pour le mieux, et qu'il n'y aurait rien à dire d'une société politique modelée avec l'assentiment de tous ses membres sur le régime d'une société commerciale anonyme ou d'un couvent. Là où les volontés concourent pour un but licite, le droit naturel n'a rien à voir.

On pensera bien, du reste, si nous repoussons la doctrine juridique du socialisme, que ce n'est pas pour nous rallier aux maximes officielles inavouées, toutes empreintes d'hypocrisie et de l'arrière-pensée d'une prudence égoïste, comme celles des conservateurs que Jésus-Christ flagellait il y a deux mille ans. Dieu nous garde de jamais glorifier l'esprit détestable de cette honnêteté de commande. Faire son devoir tellement quellement, comme le moine de Rabelais; laisser le monde aller comme il va, et dire toujours beaucoup de bien de M. le Prieur, ce peut être la philosophie du bonheur; ce n'est pas celle de la vraie probité.

Il s'est produit, au dernier éclat de nos discordes civiles, une confusion capable d'étonner ceux qui croiraient à la liaison des idées dans l'esprit des masses, et penseraient que les partis, en révolution, déduisent logiquement leurs prétentions des maximes qu'ils affichent. Le socialisme s'est donné comme une continuation du mouvement libéral, et s'est placé sous l'invocation du principe de la fraternité.

Mais qu'y a-t-il de commun entre la liberté, le droit, règle inflexible que l'on ne peut invoquer que pour justifier un fait de résistance ou un acte de coercition, et la fraternité, dont le nom ne peut se trouver que dans la bouche de celui qui donne? S'imagine-t-on un citoyen disant de par la loi à son concitoyen : Sois mon frère? Le principe de liberté est-il compatible avec celui de cette extension de la parenté?

Que signifie d'ailleurs cette métaphore de la fraternité, empruntée à un sentiment dont on exagère à coup sûr considérablement l'intensité, si l'on veut en faire découler un principe d'universelle charité? Les frères s'assistent! oui, quelquefois. Ils partagent! quoi? l'héritage paternel, non leurs biens propres. Si l'on veut qu'en vertu du principe de fraternité, belle devise des écoles socialistes, choisie pour la montre, chacun puisse exiger pour son bien-être plus qu'il n'aurait par ses propres forces, alors on sort du droit. La fraternité est un principe de morale; elle commande de donner, elle n'autorise pas à prendre.

Tandis que le parti du mouvement associait d'une façon si étrange la liberté et la fraternité, un autre changement de rôle avait lieu; le parti de l'autorité, l'Église, défendait de fait la liberté au nom des textes sacrés, en protestant contre elle, infidèle ainsi au principe de son institution.

Personne assurément ne pensera que l'Église dût logiquement se ranger à la cause de ceux qui prétendaient à un bien-être chimérique comme à un droit. N'admettant pas le droit, elle ne devait pas le reconnaître malencontreusement avec les faux docteurs qui donnent au droit un fondement ruineux. Mais la fraternité sincère, la charité doit peut-être trouver place dans la loi humaine, quand on fait de la loi un dogme, et que l'on rattache les dogmes politiques aux dogmes religieux; et si l'Église devait moins que toute autre autorité admettre l'appétit comme droit, peut-être logiquement eût-elle dû consacrer la fraternité comme obligation stricte.

La charité, nous l'avons dit plus haut, c'est la solidarité de l'espèce humaine, la reversibilité du bien et du mal sur tous les individus de l'espèce. Si elle était la raison, ce que nous avons montré qu'elle n'est pas, il faudrait en faire un article du Code. Si au contraire elle est un dogme, il faut la rayer comme droit; mais alors il appartient à la puissance qui représente le principe d'autorité d'y donner place dans son code de droit dogmatique, à côté de l'unité de la foi, du mariage religieux et des priviléges de la grâce.

Repousser les dogmes politiques et même religieux, comme notre génération révolutionnaire, n'admettre que le principe rationnel, et écrire la fraternité dans la loi, c'est un non sens ; à moins que l'on ne rende à cette fausse charité son vrai nom, l'appétit, sous lequel nom personne n'en veut. Mais c'est une inconséquence aussi, contraire mais égale, de reconnaître des dogmes politiques, légaux, et de n'y pas ranger le lien de sociabilité le plus puissant.

On a vu les défenseurs du socialisme chercher des complices parmi les docteurs du catholicisme, et s'autoriser de l'Évangile et des saints Pères pour enseigner le communisme. Évangile et socialisme, nous ne redirons pas ce qu'il y avait d'impiété et d'hypocrisie dans un tel rapprochement. L'Évangile et les Pères, enseignant le mépris des richesses, s'adressaient aux heureux du monde pour leur dire : Donnez, et ne conviaient pas les affamés à partager eux-mêmes. Qu'eût répondu cependant l'Église si les docteurs socialistes, changeant de ton, l'eussent adjurée de faire du dogme moral de la charité un dogme légal, au nom de l'autorité dont elle est dépositaire? « Vous prêchez la charité comme un devoir, auraient-ils pu dire, ordonnez-la comme une stricte obligation. Nous ne vous demandons pas de reconnaître nos prétentions en tant que droit, puisque le droit pour vous n'est pas ; mais quand vous imposez dans l'ordre civil la foi et le culte, le droit de la famille et la grâce, purs dogmes ou erreurs, ne pourriez-vous trouver pour le dogme de la charité une place à côté des autres dogmes légaux ? Vos grands docteurs, les Grégoire, les Jérôme, les Augustin ne respectaient pas les biens accumulés au point de leur sacrifier l'humanité. Concilierez-vous l'enseignement divin que vous êtes chargée de transmettre, et la propriété que vous défendez ? L'Évangile et les Pères, dans leurs adjurations de renoncement absolu, parlaient-ils par métaphore ? La loi divine dit aux uns : Tu ne déroberas pas [1] ; mais elle dit aux autres : Donne ton bien ; pourquoi la scindez-vous ? A quel titre bornez-vous le précepte de la loi divine corrigée à la portée d'un enseignement dépourvu de sanction ici-bas, et réservez-vous à la loi primitive seulement la garantie de la loi humaine, dont vous vous faites l'arbitre ? De la loi de Jésus-Christ et de celle de Moïse, la première serait-elle moins sainte, ou l'Évangile ne vient-il qu'après le Pen-

[1] Dans la doctrine de la révélation catholique, la propriété n'a pas un autre principe que ce commandement du Deutéronome : *Furtum ne feceris*.

tateuque ? Si la douleur est le lot de l'humanité, pouvez-vous vous en tenir à votre mission d'exhorter le patient, quand vous avez action sur la cause du mal ? Il faut des pauvres et des riches, dit-on ; apparemment comme il faut des hérésies, pour les combattre et les fuir [1]. Enseignez donc la résignation ; condamnez l'appel à la force quand elle a pour but un intérêt matériel, rien de mieux ; mais, au nom de Dieu, n'abdiquez pas devant la puissance acquise ou l'intérêt du plus fort votre mission d'autorité. Parlez à chacun le langage de sa condition. Ne partagez pas la loi divine, qu'on ne peut faire obligatoire à des degrés différents. Ne refusez pas à la loi de la charité la sanction que vous donnez à la loi de l'abstinence ; ou plutôt renoncez à toute ingérence dans les affaires des nations. Dès que vous mettez le dogme dans la loi humaine, vous ne pouvez faire moins que de l'y mettre tout entier. »

A Dieu ne plaise que nous adhérions à un tel discours. Nous l'imaginons comme un argument, le dernier que nous aurons produit contre le principe des dogmes civils et de l'autorité politique. Supprimez par supposition le principe d'autorité en politique, et les socialistes n'auront plus à qui parler ainsi.

[1] *Oportet hereses esse.* Epist. B. Pauli ad corinth. I, 11. *Declina te ab hæreticis.* Ad rom., XVI, 17.

CHAPITRE XII

CONCLUSION.

Résumé. — Ce que le régime de la liberté laisse à l'autorité. — Que la liberté n'est pas incompatible avec la vie sociale, — ni avec la stabilité de l'État. — De la question de l'autorité et de la liberté en Allemagne et en Angleterre. — De la prudence philosophique. — Que la discussion est éternelle dans ce monde.

La liberté personnelle sous toutes ses formes, pour l'usage des facultés dont l'homme est doué, pour la disposition de sa personne physique, pour la prière, pour l'enseignement oral ou écrit, pour l'appropriation et la conservation des biens naturels et pour le travail ; l'indépendance de la raison au regard de tout pouvoir humain ; la royauté (disons le mot) du sens particulier pour tout ce qui touche à l'individu ; l'incompétence des pouvoirs religieux dans les choses de ce monde, mais leur pleine puissance pour l'administration des choses sacrées, tels sont les résultats, si nous ne nous trompons, démontrés, de cette étude ;

telle est la conclusion où se trouvera conduit le philosophe préoccupé du conflit de l'autorité et de la liberté. Dans notre système de déductions, nous avons laissé intacts des dogmes auxquels de pieuses croyances, confirmées par une réflexion dès longtemps mûre, nous ont attaché pour la vie. Un seul article, la direction obligée des consciences a péri. A ces conditions la paix est rentrée dans l'âme ; l'autorité ne soulève plus une raison rebelle ; le terrible conflit de deux règles contraires n'ensanglante plus la cité ; chaque puissance reste en son domaine; l'autorité a ses droits, la liberté les siens, et la créature de Dieu, libre et fière dans sa soumission volontaire, n'offre plus à un maître intolérant et farouche l'holocauste détesté d'une volonté contrainte.

Avec la conscience libre, l'homme retrouve dans l'État tous ses droits. Certes, ce serait un étrange orgueil de n'admettre de vérités que celles qu'on trouve en soi ; l'abaissement de l'âme en serait la punition. Mais aussi par quelle confiance superbe un homme, une classe, un peuple, moins l'opprimé qui réclame, se ferait-il le prophète de sa propre domination? Si la Providence a des voies mystérieuses, qui ne sont pas celles de la pauvre raison humaine, convient-il à notre faiblesse d'en sonder les profondeurs? Sachons plutôt les ignorer; baissons la tête sous ces incompréhensibles décrets, sans les hâter ni les combattre ; n'entreprenons pas follement sur les droits de Dieu ; ne préjugeons pas sa justice ; laissons au principe divin de l'ordre social la gloire de vivre et de vaincre par sa propre vertu. Dans les rapports sociaux l'homme ne peut qu'une chose, agir selon sa règle, qui est la raison, et laisser à une justice plus haute à laquelle les moyens ne manqueront pas le soin s'il se trompe de rectifier ses jugements.

Mais quelle sera dans le monde moral et social que nous osons prévoir (car dire actuellement ce qui est vrai et juste, c'est prophétiser l'avenir), quelle sera, disons-nous, la sphère du principe d'autorité ? L'autorité, qui a son principe dans le sentiment, comme nous l'avons dit, ne peut pas périr ; il faudrait refaire l'âme humaine. Exilée du monde des faits, dépouillée de la faculté de contraindre, reléguée aux choses surnaturelles, restera-t-elle sans attributs et sans action ? A Dieu ne plaise ; il lui restera l'enseignement, non l'enseignement obligatoire ni même infaillible, mais l'enseignement librement donné, librement accepté, tel qu'il convient à la créature intelligente que Dieu forma. On rayera des codes humains toutes les prescriptions requérant quelque explication théocratique ; on bannira les pénalités arbitraires, les distinctions de castes, l'hérédité du bien et du mal, dont le principe apparaît çà et là pour qui sait y voir jusque dans nos lois civiles; on intronisera dans le monde des faits la raison seule; on confinera ce qui la dépasse dans le domaine du sentiment et de l'opinion; mais les apôtres du principe d'autorité, renonçant à rien voir, rien savoir des faits généraux ou particuliers de ce monde, conserveront, avec l'administration des choses divines, le libre enseignement de leur foi.

Ce qu'impliquera la renonciation à toute immixtion de l'autorité spirituelle dans les choses d'ici-bas, nous ne voulons pas le taire, c'est un doute sur la légitimité même de cette autorité, considérée comme dépositaire de la vérité surnaturelle; car une foi vive ne se contraint pas, et si elle s'impose la mesure dans l'expression et la prudence dans les actes, c'est déjà une foi ébranlée. L'Église catholique reconnaîtra-t-elle jamais, par ses actes et par ses paroles, qu'il peut se faire que la vérité soit aussi bien ailleurs qu'avec elle? Qui le sait? Et cependant la paix est à ce prix; l'intolérance politique suit l'intolérance théologique, comme l'action suit la pensée. Dans l'ardeur de sa foi, il n'est pas d'Église qui ne dise : Hors de nous pas de salut. Fatale ivresse! car si elle le dit ou seulement le pense, si elle le persuade à ses croyants, le jour viendra bientôt pour eux de se réveiller en pleine théocratie.

C'est ainsi que le principe véritablement religieux se trouve pressé d'un côté par l'intolérance, qui est de son essence même, dans les conditions humaines où il se manifeste ici-bas, et de l'autre côté entraîné sur la pente périlleuse de l'indifférence. Mais pourquoi douter de l'assistance divine dans la mission de paix à laquelle le cours des événements semble convier l'Église? L'État présent peut-il durer? Convient-il à une autorité indiscutable, puisqu'elle est divine, de composer sans cesse, comme nous le voyons, avec la rébellion des âmes? Une puissance ainsi débattue a-t-elle assez de réalité pour imposer dans le présent et dans l'avenir une autorité respectée? Ne vaut-il pas mieux pour elle, pour sa dignité, reculer volontairement jusqu'à la ligne où elle ne reculera plus? Les plus respectueux de ses fidèles équivoques professent une révérence hypocrite que la conduite dément. Beau triomphe vraiment pour une autorité dont la destinée serait de régner dans les cœurs!

Nous voulons dire sans ambages et sans ambiguïté que l'Église catholique a dans ses maximes, qui effraient, un mauvais bagage qui compromet le plus souvent son autorité spirituelle, et ne la sert jamais; qu'elle apparaît avec sa doctrine théocratique comme une tente toujours dressée pour abriter le despotisme; que pour lui inspirer dans l'avenir une confiance fondée, le respect dont elle reste encore entourée ressemble trop à un ménagement pieux envers un grande destinée que l'on croit qui s'achève ;—*Stat magni nominis umbra* — et que la séparation du spirituel et du temporel étant de fait impossible aussi longtemps que l'Église conservera un enseignement moralement obligatoire, mieux vaudrait pour elle sacrifier volontairement le caractère dogmatique de son enseignement, que de continuer la lutte pour une prérogative qui lui échappe, où elle perd des sujets sans recruter des fidèles [1].

La doctrine de la liberté soulève cependant une objection générale, qu'il importe d'autant plus de ne pas laisser subsister qu'elle est faite par des défenseurs de la liberté autrement entendue. Votre liberté, dira-t-on, abolit la société, et avec la société le genre humain; elle sacrifie à l'homme l'humanité ; elle relègue l'individu dans sa faiblesse; elle l'isole; elle supprime la vie d'ensemble. Or les êtres humains ne sont pas bornés à eux-mêmes; il y a entre eux des

[1] Il ne faudrait pas faire une application erronée de ces paroles à l'événement du jour. L'Église catholique aura toujours besoin d'indépendance, et cette indépendance n'existera pour son chef qu'avec les immunités qu'un pouvoir temporel seul peut assurer. Voilà pour le principe. Quant aux attentats dont le chef de la chrétienté a été récemment l'objet, ils sont et resteront toujours une odieuse violation de la morale publique et du droit des gens.

liens communs, une action réciproque qui enchaîne les individus aux individus, les générations aux générations. En limitant l'existence individuelle dans l'espace et dans le temps, vous détruisez l'humanité dans sa destinée générale et progressive.

Nous ne contestons pas l'exactitude de ces vues sur le caractère des grands faits généraux qui constituent la famille, les classes dans l'État, l'État et le genre humain ; seulement nous ne convenons pas qu'il soit juste de reprocher à la doctrine de la liberté d'aller à l'encontre. Ces destinées progressives des familles, des classes, des sociétés, du genre humain, s'accomplissent en dehors de l'action directe des individus, dans la sphère des causes inconnues. Or croit-on que les lois humaines aient une action sur ces causes, et qu'une société, avec son organisme si compliqué, soit l'œuvre voulue de ses chefs ? La doctrine de la liberté détruit-elle la famille et ces communautés d'intérêts que peuvent créer les circonstances de lieu, de race, de langage ou de religion ? Dissout-elle les associations, volontaires ou naturelles, qui groupent avec les intérêts les droits, et créent des idées et des symboles communs ? Elle proclame l'incompétence du pouvoir public pour les règler ; mais elle ne va pas au delà. Les institutions humaines sont aussi impuissantes à hâter les destinées d'une société qu'à en entraver la marche ; au moins celles qui ont une puissance réelle ne sont-elles pas l'œuvre d'une volonté réfléchie. Les sociétés tomberont-elles donc en poussière parce que les gouvernements auront renoncé à leurs efforts de pygmées pour les conduire? Leurs destinées se règlent-elles dans les conseils des souverains ? Combien il est plus religieux et plus sage de se reposer sur la volonté de Dieu et la sagesse instinctive de tous, de la destinée providentielle des empires ! Avec la liberté, l'activité individuelle gagne en intensité, en force véritable, ce que, bien à tort, on croit que perd la force des pouvoirs humains.

Soit, ajoutera-t-on ; mais alors les sociétés constituées selon le principe de la liberté souffriront d'un mal irrémédiable, l'instabilité. — Pourquoi cela? Où serait cette cause d'instabilité ? Dans le pouvoir, ou plutôt dans l'idée anarchique qui semble le miner? Mais le principe du sens particulier, que nous consentirons aussi, si l'on veut, à appeler anarchique, pourvu que l'on s'en tienne à la signification étymologique du mot, est sans action sur les différentes agrégations, qui se forment juste en même nombre et en pareille diversité que les intérêts qui s'agitent dans la société ; et il est sans action par conséquent sur les magistratures domestiques qui naissent d'elles-mêmes de ces agrégations. En d'autres termes, il ne fait pas l'organisation sociale, parce qu'il ne crée pas les intérêts. Mais, s'il ne fait pas l'organisation sociale, il n'aura aucune action dissolvante sur l'organisation politique.

On oublie trop que la forme gouvernementale réfléchit toujours, nécessairement, l'état social du pays ; qu'un peuple n'a jamais que le gouvernement qu'il fait ou qu'il peut supporter; que les volontés individuelles s'agiteraient en vain pour changer ou modifier la forme politique, si l'état social d'où cette forme est née reste le même. Agissez donc sur cet état moral du peuple, qui fait le tempérament de son gouvernement, héroïque et fort si les âmes sont fortes et héroïques, comme dans l'ancienne Rome; apathique et vil, comme sous les Césars dégénérés, si les mœurs ont faibli ; instable, comme nous le voyons chez nous depuis près de quatre-vingts ans, quand l'âme est troublée. Agissez sur les âmes ; mais si votre action est là sans efficacité, n'espérez rien, ne craignez rien de ce qui ne toucherait qu'à l'état politique; l'état politique est un résultat, une forme, un fruit, qui ne variera que selon les variations du fait qui le produit.

Ce que l'on a pensé de plus fort sur la stabilité du pouvoir, Bossuet l'a dit : « Le peuple ne peut rien faire de mieux que d'intéresser à sa conservation celui qu'il met sur sa tête. C'est encore l'engager au bien public par des liens plus étroits, que de donner l'empire à sa famille, afin qu'il aime l'État comme son propre héritage, et autant qu'il aime ses enfants. C'est même un bien pour le peuple que le gouvernement devienne aisé; qu'il se perpétue par les mêmes lois qui perpétuent le genre humain, et qu'il aille, pour ainsi dire, avec la nature [1]. »

C'est ce lest de l'État que l'on a voulu augmenter, en ajoutant à l'hérédité du pouvoir l'hérédité des grandes situations sociales, comme dans l'ancienne pairie en France et dans la nouvelle jusqu'en 1831, et en autorisant les substitutions, les majorats, la dotalité des biens des femmes, toutes les institutions conservatrices. Il est incontestable que sans l'hérédité dans la famille, par quoi l'homme arrivant à la vie trouve une certaine situation faite, qu'il continue, et que sa liberté d'action modifie ensuite en bien ou en mal, il n'y aurait plus de classes, de traditions, de vie sociale, et que la société condamnée à demeurer à l'état rudimentaire, pulvérisée, en serait à recommencer tous les jours à vivre. Mais il faut noter que cette hérédité civile la loi ne la crée pas; qu'elle se contente de laisser faire, tandis que l'hérédité politique ne

[1] Vme *avertissement aux Protestants*, § 56.

peut exister que comme œuvre législative [1]. Or est-il permis, en vue d'un idéal de vie sociale, pour le plus grand honneur d'une métaphore politique, de porter la main sur la liberté? L'hérédité, comme principe de vie sociale, se manifeste légitimement sous le régime de l'individualisme libéral. Qu'elle produise ses effets naturels nul n'y contredira. Mais ajouter à l'hérédité domestique, résultat spontané de volontés libres, une hérédité factice, imposée, essentiellement différente dans son principe; établir des dogmes politiques sur des dogmes religieux; prolonger la réalité par la fiction; aider à la nature par des efforts impuissants, frappés à l'avance de stérilité; élever un droit fantastique des débris d'un droit vrai et tel que la raison le conçoit; soumettre les volontés aux conceptions d'une métaphysique politique qui prend son point d'appui dans une sphère inaccessible au raisonnement; mettre en lutte avec le principe de liberté, de droit individuel, de raison, de prétendus

[1] Quand nous parlons de l'hérédité légitime, nous entendons parler de la situation que la volonté du chef de famille fait aux siens. L'hérédité comme droit n'existe pas; l'ordre de succession établi par la loi n'est que le testament présumé de celui qui est mort sans avoir fait de testament. Ni la loi, ni la nature n'établissent l'hérédité. Mais la loi permet l'hérédité comme manifestation d'un sentiment naturel; elle fait plus, elle le présume jusqu'à la preuve contraire. L'hérédité n'est pas proprement une institution de la nature, mais elle en a la vertu par l'universalité du sentiment d'où elle naît.

principes sociaux, auxquels la Providence divine, dans sa sagesse, a dispensé l'homme de pourvoir, c'est entreprendre sur un domaine qui n'est pas celui de l'humanité; c'est substituer des conjectures éternellement discutables à de vivantes réalités; c'est ébranler l'autorité du droit sans profit même pour de fausses apparences.

Nous aurions voulu, pour traiter complétement cette question de l'autorité et de la liberté, pouvoir suivre la lutte chez les principales nations civilisées; mais une telle étude ne pourrait avoir de valeur qu'appuyée sur de longues observations faites sur les lieux. Des impressions de touristes et des articles de gazette n'y suffiraient pas. S'il était cependant permis de risquer des conjectures en pareille matière, peut-être faudrait-il prévoir dans la docte, la philosophique Allemagne, un prochain mouvement qui aurait la solution de la question de l'autorité pour objet. Il ne se peut pas qu'un tel problème ne sollicite la méditation de ses docteurs. Le génie allemand, rêveur, abstrait, même nébuleux et mystique, impersonnel, pour tout dire, est fait pour cela. L'Allemagne pensera, mais elle n'agira pas.

Le génie anglais, au contraire, agit dans la mesure du besoin et ne pense guère. Utilitaire et sensé, il ne prend de la théorie que ce qu'il faut pour expliquer les faits. Par son côté pragmatique, c'est le génie de l'ancienne Rome, ne sacrifiant rien à l'idée, à la logique, s'arrêtant dans ses mouvements révolutionnaires les plus furieux, au moment juste où la révolution cesserait d'être utile. Faut-il en attendre, dans le grand procès de l'autorité et de la liberté, une manifestation soit dans la pensée, soit dans les faits? Non, assurément, aussi longtemps que subsisteront pour lui les conditions présentes de liberté et de puissance matérielle. Mais le génie français, tout plein d'initiative, en dépit de ses défaillances passagères, qui pense et agit, ne s'arrêtera pas. S'il doit sortir une solution dont le monde profitera, la France l'aura payée de sa pensée et de son sang; et tandis que dans le grand cataclysme de la Réforme, le principe de l'autorité politique a sauvé en Angleterre certains dogmes constitutionnels, ce principe, s'il doit sombrer en France, ne sauvera rien.

Tel est le port (de salut ou de naufrage?) où nous entraînent les divers courants de la liberté, autrefois distincts, maintenant confondus, depuis qu'ils ont trouvé à la Révolution française leur confluent. Nous avons montré notre pensée tout entière et sans voiles. Sur cela les philosophes pusillanimes se récrient. Parler de droit, de liberté, d'institutions, quelle imprudence! Quels maux vont fondre sur l'humanité, si l'esprit d'examen s'en prend au principe des sociétés et des gouvernements! Il est des questions qu'il ne faut pas poser : Quel est le titre des races royales? D'où vient la noblesse? et tant d'autres qu'on ne saurait soulever sans péril.

Mais, s'il y a quelque part dans le monde un mal, une injustice que je connaisse, est-il bien à moi de m'en faire complice, en prolongeant par mon silence l'erreur confiante du malheureux qui souffre? M'est-il indifférent de me taire? Croit-on d'ailleurs qu'un silence concerté serait un bon garant de la tranquillité qu'on cherche? Que gagnerait-on à la durée d'une équivoque comme celle qui fait dans cet écrit l'objet de nos méditations? La science consciencieuse peut-elle être ainsi arrêtée pour la plus grande quiétude des esprits timorés? Est-il besoin d'aller chercher ces questions redoutées bien longtemps et bien loin? Ne nous pressent-elles pas? Ne s'imposent-elles pas d'elles-mêmes? Que ne reproche-t-on aux faits historiques de poser des problèmes qu'on ne peut se dispenser d'aborder?

Loin de nous donc les terreurs égoïstes, la lâche complaisance du silence, les connivences sous-entendues avec la violence et l'astuce, la complicité de la peur, l'effroi de la pensée, ces bas sentiments que ne connurent jamais les âmes vraiment fortes. A Rome, le préteur disait le droit, *jus dicebat* ; ensuite le citoyen usait de son droit s'il voulait.

Mais le droit n'est qu'un mot. — Non. Ceux qui le disent ne le croient pas, et l'inquiétude qu'ils ont à persuader leurs mensonges, à faire ratifier leurs brutalités, est le plus flagrant démenti qu'ils donnent à leur négation désolante. C'est le mot des triomphateurs insolents; mais vienne l'heure de la défaite, ils se réclameront de ce qu'ils bafouaient. Reposons-nous donc sur le sentiment consolateur du droit éternel; il doit être encore bien puissant sur les adorateurs de la force, pour que ceux qui n'ont qu'elle, non satisfaits de leur puissance inique, veuillent à toutes fins (on a toujours vu cela) faire croire qu'ils ont aussi la justice.

Mais cette confiance dans la vérité de droit serait trop féconde en mécomptes, si elle devait faire espérer un repos entier, qui n'est pas de ce monde. Telle est la condition de l'homme en face des grands problèmes de sa destinée, qu'il est condamné peut-être à chercher toujours. Si la métaphysique, quoiqu'on en ait pensé, n'est point une science vaine, au moins a-t-elle des hauteurs trop éloignées pour que le pauvre voyageur puisse espérer d'en toucher les cimes. Qui dira les souffrances ignorées de tant de glorieux martyrs dans leurs pérégrinations vers l'inconnu? Le plus fort chancelle, le plus vaillant hésite, le plus courageux défaille. Au sein de cet empyrée de la pensée, à l'aspect vertigineux de l'infini, l'esprit se trouble, l'œil s'éblouit. Il faut monter vers ces clartés inaccessibles, qui font baisser les paupières, vives lumières plus qu'humaines, dont nos yeux débiles ont tant de peine à soutenir l'éclat. Mais qu'importent les éblouissements et les chutes, si quelque heureux Prométhée doit ravir, un jour, un rayon du divin flambeau? Des aspirations, des élans, c'est la vie de l'homme qui pense; c'est à la fois, comme tout travail ici-bas, sa peine, sa récompense et sa gloire; heureux encore si, dans ses tentatives douloureuses, il obtient pour prix de ses efforts le contentement intérieur d'une destinée accomplie, à défaut de la récompense des forts, à défaut du grand honneur dévolu à celui qui sera monté le plus haut!

FIN.

TABLE

SAINT-DENIS. — TYPOGRAPHIE DE A. MOULIN.

www.ingramcontent.com/pod-product-compliance
Ingram Content Group UK Ltd.
Pitfield, Milton Keynes, MK11 3LW, UK
UKHW012028240726
13965UKWH00002B/638

9 782012 471757